北九州市立大学法政叢書 21

# 非占有動産担保の競合

清水裕一郎

九州大学出版会

## はしがき

　本書は，著者が平成28年度に博士学位請求論文として明治大学に提出した「非占有動産担保の競合」に加筆修正を加えたものである。著者が博士学位請求論文を提出してからまだ2年半ほどしか経過していないが，その間にも新たな判例が現れた。そこで，本書においては，論文の誤字・脱字等の訂正に加え，最新の判例を追加してその検討を試みた。

　本書の出版に当たっては，著者が所属する北九州市立大学の学術図書刊行助成制度を利用するとともに，北九州市立大学法学部法政叢書刊行会からも助成を受けた。平成が終わり，令和という新たな時代が始まるこの時期に，平成における著者の研究成果の集大成を出版する機会を得られたことは幸運というほかない。著者が上記の助成制度を利用することを認めてくださった北九州市立大学法学部の先生方，とりわけ本書の出版に必要な推薦書を書いてくださった矢澤久純先生には心より感謝を申し上げたい。

　著者が出版に値する研究成果を挙げることができたのは，明治大学大学院時代の指導教授であった川地宏行先生のご指導によるところが極めて大きい。思い起こせば，著者が民法学に興味を持ったのは，大学入学直後に川地先生の民法総則の講義を受講したことがきっかけであった。学部時代のゼミでも，川地先生は研究者志望の著者を快く受け入れてくださるとともに，大学院進学後を見据えた質の高い指導をしてくださった。川地先生のご指導を受ける機会がなければ，著者が研究の道に進むことはなかったであろう。著者にとって川地先生はまさに恩師というべき存在であり，改めて感謝を申し上げるとともに，今後のさらなるご活躍をお祈り申し上げたい。

　また，大学院に在学した5年間を通して，円谷峻先生からドイツ語のご指導を継続的に受けることができたことも，著者にとっては大きな幸

運であった。学部時代に第二外国語としてドイツ語をある程度真面目に学習していたとはいえ，高度に専門的な内容を含むドイツ語の法律文献を読むことは決して容易ではなかった。このような著者に対して，円谷先生は基礎から懇切丁寧にドイツ語の読み方を教えてくださった。途中で挫折することなく，ドイツ法の研究を続けることができたのは，円谷先生のご指導の賜であろう。なお，円谷先生は既に故人であり，本書を捧げて感謝の言葉を直接お伝えする術がないことが非常に残念である。

　さらに，著者の大学院進学を許してくれた両親への感謝も忘れてはならない。文系大学院出身者の就職状況が非常に厳しいといわれる中，就職せずに大学院に進学するという著者の選択を受け入れることは，勇気のいる決断であったと思われる。この場を借りて，感謝の意を伝えたい。

　そして最後になるが，一般財団法人九州大学出版会の奥野有希さん，野本敦さんには，本書の出版にご尽力頂いた。編集作業に不慣れな著者が本書の出版に至ることができたのは，お二人のお力があってのことである。心より感謝を申し上げたい。

　　平成 31 年 4 月 18 日
　　　　　　　　　　北九州市立大学法学部准教授　清水　裕一郎

# 目　次

はしがき　i

## はじめに……………………………………………………………… 1

## 第 1 章　複数の譲渡担保の競合 ……………………………… 5
　序　論　7
　第 1 節　ドイツの法状況　7
　　1．序説
　　2．一般論
　　3．領域譲渡担保
　　4．本節の小括
　第 2 節　日本の法状況　21
　　1．序説
　　2．従来の学説状況
　　3．最高裁平成 18 年判決
　　4．学説の評価
　　5．本節の小括
　まとめ　32

## 第 2 章　譲渡担保と動産先取特権の競合 ………………… 35
　序　論　37
　第 1 節　ドイツの法状況　38
　　1．序説

2. 搬入前の譲渡担保

　　3. 搬入後の譲渡担保

　　4. 領域譲渡担保

　　5. 本節の小括

　第2節　日本の法状況　51

　　1. 序説

　　2. 最高裁昭和62年判決

　　3. 学説

　　4. 本節の小括

　まとめ　60

第3章　所有権留保と譲渡担保の競合……………………………63

　序　論　65

　第1節　ドイツの法状況　67

　　1. 序説

　　2. 期待権の譲渡可能性

　　3. 期待権の譲渡禁止特約の効力

　　4. 期待権の取得者の保護

　　5. 本節の小括

　第2節　日本の法状況　94

　　1. 序説

　　2. 裁判例①——大審院昭和13年判決

　　3. 裁判例②——東京地裁昭和52年判決

　　4. 裁判例③——最高裁昭和58年判決

　　5. 裁判例④——東京地裁平成5年判決

　　6. 裁判例⑤——最高裁平成30年判決

　　7. 本節の小括

　まとめ　115

目　次

## 第4章　私　見 …………………………………………………………117
　序　論　119
　第1節　複数の譲渡担保の競合　120
　　①譲渡担保の重複設定の可否
　　②後順位譲渡担保権者が有する権利内容
　第2節　譲渡担保と動産先取特権の競合　124
　　①最高裁昭和62年判決の射程と問題点
　　②解決のための試論——2つの方向性からの検討
　　③担保権の実行手続における取り扱い
　第3節　所有権留保と譲渡担保の競合　132
　　①最高裁昭和58年判決の理解
　　②留保目的物に対する譲渡担保権の取り扱い

## おわりに………………………………………………………………137

## はじめに

　現在の取引社会においては，十分な不動産を有さない者が資金を調達する手段として，動産担保が重要な役割を果たしている。優先弁済的効力のない留置権を除くと，動産担保には，典型担保として動産先取特権と動産質権，非典型担保として譲渡担保と所有権留保が存在する。これらのうち，実務においてとりわけ重要とされているものは，動産先取特権，譲渡担保，所有権留保の非占有担保である。

　非占有担保の場合には，目的物の直接占有を有するのは設定者（動産先取特権の場合には債務者）であり，担保権者は目的物に対する直接占有を有さないという特徴がある。これにより，設定者は目的物を担保として提供しても，引き続き目的物の利用を継続することができるという利点がある一方で，目的物に対する権利関係の公示が著しく不十分となるという欠点も存在する。登記という明確な公示方法が存在する不動産物権とは異なり，目的物の占有によって公示する動産物権は本質的に公示が不完全なものとならざるを得ない[1]。とりわけ，目的物の直接占有が設定者のもとにある非占有動産担保の場合には，公示の不完全性はよ

---

　1) もっとも，平成16年に「債権譲渡の対抗要件に関する民法の特例等に関する法律」を改正する形で「動産及び債権の譲渡の対抗要件に関する民法の特例等に関する法律」が成立し，動産の譲渡についても，一定の要件を満たす場合には動産譲渡登記による公示が可能となった。しかしながら，動産譲渡登記制度の利用は法人に限られること（同法3条1項），民法178条の引渡しに優先するわけではないことなどから，本制度によって公示の不完全性が解消されるわけではない。

り一層顕著であり、動産先取特権に至ってはそもそも公示手段が存在しない。このような特徴を有するために、担保権者は目的物の権利関係を知悉することが難しく、設定者が先行する担保権の存在を隠しているような場合には、同一の目的物上に複数の担保権が競合する状況が発生し得る。

また、非占有動産担保の競合の発生は、このような設定者の詐欺的な行為による場合に限られない。目的物の価値が既に存在する担保権の被担保債権額を上回る場合においては、目的物の担保価値の有効利用を目的として、担保権者も先行する担保権の存在を認識しつつ、同一の目的物上に担保権を重複設定することも考えられる。

いずれの場合にせよ、非占有動産担保の競合が発生した場合において、各担保権者の優劣を決定することが求められる。しかしながら、非占有動産担保のうち、動産先取特権以外の譲渡担保と所有権留保は、いずれも民法典に規定のない非典型担保であるため、非典型担保間の競合や非典型担保と典型担保の競合の場合において、優劣決定基準となる規定が当然のことながら民法典には存在しない。それ故に、このような問題の解決は判例に委ねられるところ、これまでに最高裁は、複数の譲渡担保の競合事案については最判平成18年7月20日民集60巻6号2499頁、譲渡担保と動産先取特権の競合事案については最判昭和62年11月10日民集41巻8号1559頁、所有権留保と譲渡担保の競合事案については最判昭和58年3月18日金判684号3頁においてそれぞれ判示している。

本書においては、非占有動産担保の競合のうち、これまでに最高裁において判示された上記の3つの競合類型に限定して検討を行う[2]。非占有動産担保の競合に関する日本の先行研究において、個別の競合類型に限定して検討を行うものは多数存在するが、この問題について総合的・網羅的に検討を試みたものは乏しい。そこで、本書は、各競合類型の検討を通して、非占有動産担保の競合に関する日本の判例及び学説の全体

像を把握するとともに，これを踏まえた私見の提示を行うことを目的とする。

また，本書においては，比較法としてドイツの法状況を検討する。比較法の対象としてドイツ法を用いる理由は，ドイツにおいても日本と同様に譲渡担保や所有権留保が実務上広く用いられており，日本における問題を考察する際にも，ドイツにおける判例及び学説の状況から有益な示唆が得られることが期待できるためである。

本書における検討の順序として，まず第1章では，非占有動産担保の競合の最も基本的な類型である，複数の譲渡担保の競合について検討した上で，続いて第2章と第3章では，やや特殊な要素を含む譲渡担保と動産先取特権の競合（第2章）と所有権留保と譲渡担保の競合（第3章）についてそれぞれ検討し，最後に全体の研究成果を踏まえて私見を提示する（第4章）。

---

2) 著者は既に，所有権留保と譲渡担保の競合については，拙稿「所有権留保の法的性質に関する一考察——所有権留保と譲渡担保の競合の解決を目的として——（一）・（二・完）」法学研究論集37号373-392頁（平成24年）・38号251-273頁（平成25年）及び拙稿「ドイツ法における所有権留保買主の期待権の譲渡」法学研究論集42号267-287頁（平成27年），複数の譲渡担保の競合については，拙稿「複数の譲渡担保の競合」法学研究論集39号217-235頁（平成25年），譲渡担保と動産先取特権の競合については，拙稿「譲渡担保と動産先取特権の競合」法学研究論集40号211-229頁（平成26年）において，各競合類型ごとの検討を試みている。本書は，これまでの研究成果を再検討した上で，私見を一部再構成したものである。

# 第 1 章

# 複数の譲渡担保の競合

序　論

　本章においては，非占有動産担保の競合の最も基本的な類型である，複数の譲渡担保の競合について検討する。複数の譲渡担保の競合は，設定者が複数の者との間で同一の物を目的とする譲渡担保契約を締結した場合に発生する。

　この問題について，従来，日本の学説においては，譲渡担保の法的構成との関連で，譲渡担保の対外的効力の問題の 1 つとして議論されていたが，直接的に判示した裁判例が存在しなかったこともあり，さほど活発には論じられていなかった。しかしながら，最判平成 18 年 7 月 20 日民集 60 巻 6 号 2499 頁の登場によって，学説においてもこの問題が重要な論点として注目されるようになり，現在では活発な議論が行われている。

　他方，今回比較法的分析の対象とするドイツにおいては，後述する通り，複数の譲渡担保の競合は「多重的譲渡担保（mehrfache Sicherungsübereignung）」の問題として，従来から判例及び学説において問題とされてきている。このようなドイツの法状況を検討することは，日本における問題を考察する際にも，有益であると思われる。

　そこで以下においては，まずドイツにおける複数の譲渡担保の競合に関する判例及び学説の状況を概観した上で（第 1 節），次に日本における判例及び学説の状況について検討を行う（第 2 節）。

## 第 1 節　ドイツの法状況

### 1. 序説
日本と同様，ドイツにおいても譲渡担保（Sicherungsübereignung）

は従来から判例及び学説上認められており，融資の際の債権担保の手段として実務上広く用いられている[3]。ドイツにおいて，譲渡担保は通常，担保の合意（Sicherungsabrede）とともに，BGB929条[4]及び930条[5]に基づいて，担保権設定者（Sicherungsgeber）が担保権者（Sicherungsnehmer）に目的物の所有権を占有改定（Besitzkonstitut）の合意のもとで移転するという方法で行われる[6]。このとき，担保権者と担保権設定者の間には，BGB868条[7]に基づいて代理占有関係（Besitzmittlungsverhältnis）が発生する。このような方法は，目的物の直接占有を失わず，引き続き目的物を利用することができるという点で

---

[3] *Herbert Schimansky, Hermann-Josef Bunte, Hans-Jürgen Lwowski*, Bankrechts-Handbuch, Bd. 2, 2011, § 95 [*Hans Gerhald Ganter*] (zit., *Bankrechts-Handbuch/Ganter*), Rdnr. 1.; *Thomas Menke*, Mehrfache Sicherungsübereignung eines Warenlagers mit wechselndem Bestand, WM 1997, S. 405.; *Richerd Giesen*, Mehrfachverfügenden des Sicherungsgebers nach § 930 BGB, AcP203 (2003), S. 211. また，ドイツ法における動産譲渡担保の概要に関する日本の文献として，池田雅則「ドイツ法における動産譲渡担保の効力」池田真朗・中島弘雅・森田修編『動産債権担保――比較法のマトリクス』277-295頁（商事法務，平成27年）。

[4] BGB929条（物権的合意と引渡し）「動産所有権の譲渡のためには，所有者がその物を取得者（Erwerber）に引き渡し，両当事者が所有権を移転することについて合意することが必要である。取得者がその物を占有するときには，所有権の引渡しに関する合意（Einigung über den Übergang des Eigentums）で足りる。」訳はディーター・ライポルト原著，円谷峻訳『ドイツ民法総論――設例・設問を通じて学ぶ――〔第2版〕』585頁（成文堂，平成27年）を参照した。

[5] BGB930条（占有改定）「所有者がその物を占有するとき，引渡し（Übergabe）は，取得者が間接占有を取得することができる権利関係が占有者と取得者の間で合意されることをもって足りる。」訳はライポルト（円谷訳）・前掲注4）585頁を参照した。

[6] *Menke*, a.a.O. (Fn. 3), S. 406.; *Giesen*, a.a.O. (Fn. 3), S. 211.

[7] BGB868条（間接占有）「ある者が用益権者（Nießbraucher），質権者（Pfandgläubiger），用益賃借人（Pächter），使用賃借人（Mieter），受寄者（Verwahrer）として，または，他人に対しある期間占有の権利を与え，またはそれを義務づける類似の関係において，物を占有するとき，他の者も占有者である（間接占有）。」訳はライポルト（円谷訳）・前掲注4）583頁を参照した。

担保権設定者にとって利点がある一方で，公示が不十分であることにより，目的物の所有権の帰属を外部から認識することができないという欠点も存在する。このため，担保権設定者が同一の目的物を複数の者に譲渡担保として提供するということが，実務においては頻繁に発生する[8]。このような問題は，「多重的譲渡担保（mehrfache Sicherungsübereignung）」として，判例及び学説において従来から議論されてきた[9]。

本節においては，このような複数の譲渡担保の競合に関する，ドイツにおける判例及び学説の展開について考察する。考察の順序として，まずは一般論を確認した上で，領域譲渡担保（Raumsicherungsübereignung）の場合における特殊な取り扱いを検討することとする。

## 2. 一般論

ドイツにおいては，譲渡担保によって担保権者は形式通りに目的物の所有権を取得するものとされている[10]。担保権者の所有権は担保の合

---

[8] *Menke*, a.a.O. (Fn. 3), SS. 405-406.; *Giesen*, a.a.O. (Fn. 3), S. 215.

[9] *J. von Staudingers Kommentar zum Bürgerlichen Gesetzbuch mit Einführungsgesetz und Nebengesetzen*, Buch 3, §§ 925-984, Neubearbeitung 2011, Anhang zu §§ 929-931 [*Wolfgang Wiegand*] (zit., *Staudinger/Wiegand*), Rdnr. 271ff.; *Münchener Kommentar zum Bürgerlichen Gesetzbuch*, Bd. 6, Sachenrecht, §§ 854-1296, 6. Aufl. 2013, Anh. §§ 929-936 [*Jürgen Oechsler*] (zit., *Münchener/Oechsler*), Rdnr. 19.; *NomosKommentar BGB Sachenrecht*, Bd. 3: § 854-1296, 2. Aufl. 2008, § 930 [*Meller-Hannich/Schilken*] (zit., *NK-BGB/Meller-Hannich/Schilken*), Rdnr. 80.; *Palandt Bürgerliches Gesetzbuch*, 72. neubearbeitete Aufl. 2013, § 930 [*Peter Bassenge*], Rdnr. 11.; *Rainer Barbier*, Konkurrierende vorweggenommene Sicherungsübereignungen: Bewältigung einer unbefriedigenden Rechtslage, ZIP 1985, S. 520ff.; *Bankrechts-Handbuch/Ganter*, a.a.O. (Fn. 3), Rdnr. 153ff.; *Menke*, a.a.O. (Fn. 3), S. 405ff.; *Giesen*, a.a.O. (Fn. 3), S. 210ff.

[10] もっとも，19世紀末には譲渡担保を非占有質権（besitzloses Pfandrecht）として構成する見解が主張されていたが，このような見解は少数説にとどまっている（*Staudinger/Wiegand*, a.a.O. (Fn. 9), Rdnr. 50.）。

意（Sicherungsabrede）に拘束されるが，これは信託的な拘束（treuhänderische Bindung）であり，債務法上の合意に過ぎない[11]。したがって，担保権者は目的物の所有権について物権的な制約を受けることはなく，例えば担保権者が担保の合意に反して目的物を第三者に処分したとしても，その処分は物権法上有効であり，担保権設定者に対して損害賠償義務を負うにとどまる[12]。

このことから，担保権設定者が目的物を第一担保権者に譲渡担保として提供した後で，さらに第二担保権者に譲渡担保として提供するような多重的譲渡担保の場合には，担保権設定者は目的物を無権利者として第二担保権者に処分することとなる。したがって，この場合においては，原則として常に第一担保権者のみが目的物の譲渡担保権（Sicherungseigentum）を取得し，第二担保権者は善意取得（gutgläubiger Erwerb）の要件を満たす場合のみ譲渡担保権を取得し得る[13]。もっとも，BGB933条[14]によると，善意取得の要件として目的物の直接占有の移転が必要である。一般的に譲渡担保は占有改定の方法で行われるから，第二担保権者の善意取得はBGB933条の要件を満たさず，通常は譲渡担保権を取得することができない[15]。

---

11) ドイツ法において，譲渡担保は信託行為（fiduziarisches Geschäft）理論によって正当化されており，その歴史的展開については，日本においても多数の先行研究が存在する。主なものとして，四宮和夫『信託の研究』100頁以下（有斐閣，昭和40年），近江幸治『担保制度の研究――権利移転型担保研究序説――』187頁以下（成文堂，平成元年），田髙寛貴『担保法体系の新たな展開』45頁以下（勁草書房，平成8年）などを参照。

12) *Bankrechts-Handbuch/Ganter*, a.a.O. (Fn. 3), Rdnr. 11f.

13) *Bankrechts-Handbuch/Ganter*, a. a. O. (Fn. 3), Rdnr. 153, 155.; *Staudinger/Wiegand*, a.a.O. (Fn. 9), Rdnr. 272f.; *Barbier*, a.a.O. (Fn. 9), S. 521.

14) BGB933条（占有改定の場合の善意取得）「930条（占有改定）に従って譲渡された物が譲渡人（Veräußerer）に属さない場合には，取得者に物が譲渡人によって引き渡されるとき，取得者は所有者となる。ただし，取得者がこの時点で善意ではないときは，この限りではない。」

もっとも，担保権設定者は，被担保債権の弁済によって第一担保権者に対して主張することができる，復帰的所有権譲渡（Rückübereignung）に関する債務法上の請求権を，第二担保権者に譲渡することは可能である。この場合において，第二担保権者は「付随的担保（angehängte Sicherheit）」のみを取得する。しかしながら，第一担保権者がその譲渡を認識し得ないとき，第二担保権者は，第一担保権者が担保関係の終了の際に目的物の所有権を担保権設定者に返還することを妨げ得ない。したがって，この請求権の譲渡が第一担保権者に通知されていた場合に限り，第一担保権者は第二担保権者に対して損害賠償義務を負う[16]。

　以上のことから，多重的譲渡担保の場合には，原則として第一担保権者のみが目的物に対する譲渡担保権を取得し，2番目以降に譲渡担保権の設定を受けた者は目的物に対するいかなる物権的地位も取得することはできない。ドイツにおいては，譲渡担保の際には形式通りに目的物の所有権が担保権者に移転するとされているため，このような結論は当然であるといえる。

### 3．領域譲渡担保
(1) 問題の所在

　既に述べた通り，多重的譲渡担保の場合において，第一担保権者に後れて譲渡担保権の設定を受けた者は，原則として目的物に対する物権的権利を取得することができない。しかしながら，例えば商品倉庫内の現在及び将来の在庫を包括的に譲渡担保の目的とするような，領域譲渡担

---

[15] *Bankrechts-Handbuch/Ganter*, a.a.O. (Fn. 3), Rdnr. 155.; *Staudinger/Wiegand*, a.a.O. (Fn. 9), Rdnr. 273.; *Barbier*, a.a.O. (Fn. 9), S. 521.; *Giesen*, a.a.O. (Fn. 3), SS. 216–217.

[16] *Bankrechts-Handbuch/Ganter*, a.a.O. (Fn. 3), Rdnr. 153.; *Staudinger/Wiegand*, a.a.O. (Fn. 9), Rdnr. 274.

保（Raumsicherungsübereignung）の場合には，判例及び学説上，特殊な取り扱いがされている。

　領域譲渡担保においては，契約によって指定された商品倉庫等の一定の領域（担保領域）内に現に存在する動産と同時に，将来その領域内に搬入される動産についても譲渡担保契約が締結される。これは，日本における構成部分の変動を伴う集合動産譲渡担保に相当するものであるが，日本とは異なり，ドイツにおいては，集合物論は否定されて分析論が採用されているため，個々の動産の所有権がいつ，どのように担保権設定者から担保権者に移転するかが重要となる[17]。

　領域譲渡担保の成立時点において担保領域に現に存在する動産については，通常の譲渡担保と同様に，占有改定の合意を含む譲渡担保契約の締結とともに，所有権が担保権設定者から担保権者に移転するため，特段の問題は生じない。これに対して，将来搬入される動産については，以下で述べるような複雑な問題が存在する。

　将来搬入される動産を目的物とする譲渡担保は，ドイツにおいては先取りされた譲渡担保（antizipierte Sicherungsübereignung）[18]または先取りされた占有改定を伴う譲渡担保（Sicherungsübereignung mit antizipiertem Besitzkonstitut）[19]と呼ばれる形式で行われる。これは，担保権設定者は，目的物の占有者となる前に，担保権者との間で予め目的物の所有権移転及び代理占有関係の合意を行うというものである。もっとも，ドイツにおいては，BGB929条に基づき，目的物の所有権取得には引渡しが必要であるため，目的物が担保権設定者に引き渡される

---

[17] ドイツにおける領域譲渡担保の特徴については，池田・前掲注3) 278-284頁が詳しい。

[18] *Staudinger/Wiegand*, a.a.O.（Fn. 9），Rdnr. 280. また，比較的古い文献ではvorweggenommene Sicherungsübereignung という言葉も用いられている（Vgl. *Barbier*, a.a.O.（Fn. 9），S. 520.）。

[19] *Giesen*, a.a.O.（Fn. 3），S. 213.

までの間は，このような合意が行われていたとしても，担保権者も担保権設定者も目的物に対する物権的権利を有さない。支配的な見解によると，担保権設定者が第三者から目的物を引き渡された場合，目的物の所有権は担保権者に直接移転するのではなく，いったん担保権設定者に移転してから，先取りされた占有改定の合意に基づき直ちに担保権設定者から担保権者に移転するものとされている。このような法理は「経由取得（Durchgangserwerb）」と呼ばれている[20]。

また，先取りされた占有改定の合意は，BGB145条以下の契約であるとされているため排他性がない。先にされた合意と矛盾するという事実によって，後の合意の有効性は左右されず，複数の合意は有効に併存し得る。担保権設定者が第三者から目的物の占有を取得する際には，前述した経由取得の法理に基づいて，目的物の所有権がいったん担保権設定者に帰属するが，この時点で先取りされた占有改定の合意が複数存在する場合には，担保権設定者は複数の担保権者のために同時に代理占有を行わなければならないこととなる。しかしながら，支配的な見解によると，複数の者のための代理占有は法的に不可能であるとされている[21]。したがって，担保権設定者が目的物を第三者から引き渡される時点において，複数の先取りされた占有改定の合意が存在する場合には，担保権設定者とどの担保権者との間で代理占有関係が発生するかが決定されなければならない[22]。

以下においては，この点に関して判示した BGH 1960 年 9 月 27 日判決について確認した上で，現在に至るまでの学説の展開を検討する。

---

20) *Giesen,* a.a.O. (Fn. 3), SS. 213-214. なお，担保権設定者に目的物の所有権が帰属している時間は，観念的なものであり，「法律上の秒（juristische Sekunde）」または「論理上の秒（logische Sekunde）」と呼ばれている。*Bankrechts-Handbuch/Ganter,* a.a.O. (Fn. 3), Rdnr. 144.; *Staudinger/Wiegand,* a.a.O. (Fn. 9), § 930, Rdnr. 33.

21) *Giesen,* a.a.O. (Fn. 3), SS. 224-226.

22) *Giesen,* a.a.O. (Fn. 3), SS. 222-227.

(2) 判例——BGH 1960 年 9 月 27 日判決

1) 事実の概要

BGH 1960 年 9 月 27 日判決（WM 1960, 1223）は，複数の領域譲渡担保が競合した事案における先取りされた譲渡担保の取り扱いについて，BGH としての立場を明らかにした判決であり，ここで判示された内容が現在でも判例法理として確立している[23]。本件事案は非常に複雑な訴訟経過をたどっており，判決が確定するまでに BGH は 2 回の控訴審への差戻しを行い，最終的に 3 回判決を下した。本判決はそのうちの 2 回目である[24]。本件事案の概要は以下の通りである。

X 貯蓄銀行と Y 銀行は，陶磁器製造工場の K 会社との間で継続的な信用取引を行っていた。Y は主として，K が商品をイタリアへ輸出するための融資を行っており，1952 年 1 月 26 日に，Y は K との信用取引から生ずる全ての債権を担保するため，K の商品倉庫に現在貯蔵され，さらに将来搬入される磁器商品の原料，半製品，完成品のうち，イタリアの Z 会社に輸出する予定の在庫を目的物とする譲渡担保契約を K との間で締結した。また，X は同年 3 月 14 日に，K の商品倉庫内の原料，半製品，完成品に関する現在及び将来の全在庫を目的物とする譲渡担保契約を K との間で締結した。その後 K の経営状況が悪化したため，Y は同年 6 月に，K の商品倉庫内にある在庫の一部を受け取った。また，X も同年 12 月に，K の商品倉庫に現存する全ての在庫を受け取り，第三者に譲渡した。X は，1952 年 3 月 14 日の譲渡担保契約に基づいて，同年 6 月に Y によって K の商品倉庫から取り除かれた商品の引渡しを Y に対して請求した。他方，Y は，1952 年 1 月 26 日の譲渡担保契約に基づいて，同年 12 月に X によって K の商品倉庫から取り除

---

23) *Barbier*, a.a.O. (Fn. 9), S. 521.

24) なお，1 回目は BGH 1958 年 3 月 4 日判決（WM 1958, 590ff.），3 回目は BGH 1961 年 10 月 4 日判決（Sparkasse 1962, 126ff.）である。

かれ，第三者に譲渡された商品にも当該譲渡担保契約の効力が及んでいたと主張し，Xに対して損害賠償の支払いを求めて反訴を提起した。

1審及び控訴審は，一部判決（Teilurteil）によって，XとKとの間で締結された1952年3月14日の譲渡担保契約は良俗違反であるとして，Xの本訴を棄却したが，本件の1回目の判決であるBGH 1958年3月4日判決はこれを破棄し，控訴審に差し戻した[25]。差戻し後の控訴審は，Kの商品倉庫内の商品は一部の例外を除いてXに帰属すると判示した。もっとも，本訴においてXがYに対して引渡しを請求した商品は，まさにこの例外に該当するとして，Xの本訴は棄却された。これに対して，Yが上告した。

2）判旨

BGH 1960年9月27日判決は，XとKとの間の譲渡担保契約が良俗違反ではないことを確認した上で，「特定の製造行為に融資した債権者が，製造物について別の債権者より近い関係にあるという見解は，ドイツ法にはなじみがない（fremd）」と判示して，商品倉庫内の一部の商品について例外扱いとした控訴審の見解を否定した。また，2つの先取りされた譲渡担保が競合した場合における所有権の帰属について，以下のように判示した。

「Xが1952年3月14日の契約に基づいて，先取りされた占有合意（vorweggenommene Besitzeinigung）によって所有権を獲得したということは，前もって合意が行われた物の占有をKが獲得し，または製造によって商品が発生したときに，Kの所有権譲渡意思（Übereignungswille）がまだ存在したことを要件とする。（中略）この点について認定されなければならない。Kが1952年3月14日のXとの間で締結された契約に反して，依然と

---

[25] BGH WM 1958, 590ff.

してYに輸出商品（Exportwaren）の所有権を得させようとしていた場合には，Xは譲渡担保権を獲得しなかった。もっとも，所有権譲渡意思の持続（Fortdauer）は推定される。隠された意思の変更（geheime Willensänderung）は重要ではない。もはや予定された担保権者のためには占有しようとしないという代理占有者（Besitzmittler）の意思が考慮されるには，外部から見て確認できる行為が必要である。担保権設定者は以前に締結された譲渡担保契約と矛盾している新たな契約の締結によって，もはや古い契約に基づいては占有しようとしないと表明する，ということを，ライヒ裁判所は確定した判例において承認した。ここで問題になっている場合において，この見解はYに不利な材料を提供するであろう。なぜなら，Yと締結された所有権譲渡契約（Übereignungsvertrag）は，後にXと締結された所有権譲渡契約によって無力化された（überholt）かもしれないからである。」

BGHはこのように判示した上で，控訴審判決を審理不十分として破棄し，再び差し戻した[26]。

3）考察

担保権設定者のKが，X及びYとの間で，同一の商品倉庫内に存在する現在及び将来の在庫を目的物とする領域譲渡担保契約を二重に締結したため，XとYとの間で目的物の所有権の帰属が争われた事案である。本件事案において，BGHは，担保権設定者が目的物の占有を取得する時点において，2つの先取りされた占有改定の合意のうち，どちらの合意が存続していたかに着目した[27]。この点についてBGHは，担保

---

26) 3度目の審理の結果，YとKとの間の譲渡担保契約はBGB929条及び930条の要件を満たさないことが判明したため，譲渡担保は競合せず，目的物の所有権は全てXに帰属するものとされた（BGH Sparkasse 1962, 128. Vgl. *Giesen*, a.a.O. (Fn. 3), S. 220.）。

27) *Giesen*, a.a.O. (Fn. 3), S. 220.

権設定者の所有権譲渡意思は原則としてその存続が推定されるが，担保権設定者が先に締結された譲渡担保契約と矛盾した新たな契約を締結した場合には，この推定は破られ，担保権設定者は新たな契約の締結によって，もはや先に締結された契約に基づいては目的物を占有しない旨を表明していると判示した。したがって，このようなBGHの見解を前提とすると，担保権設定者が目的物の占有を取得する時点において複数の領域譲渡担保契約が存在する場合には，原則として担保権設定者は直近の契約に基づいて目的物の代理占有を行うこととなる。

(3) 学説の展開

BGH 1960 年 9 月 27 日判決の判例法理について，学説は以下のように定式化する。

担保権設定者が 2 人の異なった者との間で，同一の担保領域内に存在する現在及び将来の在庫を目的物とする領域譲渡担保契約を締結することにより，2 つの譲渡担保が競合するに至った場合においては，物権法的な状況は以下のようになる。まず，第二譲渡担保契約が締結されるまでに担保領域内に現存する物（「旧在庫（Altbestand）」）については，第一担保権者が譲渡担保権を取得する。担保権設定者は第二担保権者に対して無権利者として目的物を処分することとなるため，第二担保権者は善意取得の要件を満たす場合のみ譲渡担保権を取得し得る。したがって，「旧在庫」については，目的物に対する法律関係は前述の一般論と変わらない。しかしながら，第二譲渡担保契約が締結された後に担保領域内に搬入された物（「新在庫（Neubestand）」）については，第二担保権者が譲渡担保権を取得する。これは，担保権設定者が第二担保権者との間で，第一担保権者との譲渡担保契約と矛盾する契約を締結することによって，もはや第一担保権者のためには目的物の代理占有を行わず，第二担保権者のために行う意思を表明したとされるためである。このとき，経由取得の法理によると，担保権設定者は目的物の占有を取得する

際に，譲渡人からいったん目的物の所有権を取得するため，第一担保権者に対しては契約違反となるものの，権利者として第二担保権者に目的物の所有権を譲渡する。したがって，善意取得は問題とならず，第二担保権者は，先行する譲渡担保契約の存在について悪意であっても，譲渡担保権を有効に取得することができる[28]。

　このような判例法理によると，誰が譲渡担保権を取得するかが偶然に依存するため，法的安定性を損なうとして，従来から一部の学説において批判的な見解も存在したが[29]，多くの学説は特に異論なく承認してきた[30]。しかしながら，近年この判例法理を強く批判する見解がGiesenによって主張されるようになった。Giesenの見解は以下の通りである[31]。

　判例法理に従うと，より後に譲渡担保契約を締結した担保権者が有利に取り扱われることとなるが，このような「遅い者勝ちルール（Posterioritätsregel）」は一般的な優先性の原則（Prioritätsprinzip）とは対照的であり，承認することができない[32]。むしろ，BGB1209条[33]，185条2項2文[34]，161条1項[35]の「早い者勝ちルール（Prioritätsregel）」を準用（entsprechende Anwendung）することが問題の解決にとって

---

28) *Giesen*, a.a.O. (Fn. 3), S. 230.; *Bankrechts-Handbuch/Ganter*, a.a.O. (Fn. 3), Rdnr. 156.; *Menke*, a.a.O. (Fn. 3), SS. 406-407.; *Staudinger/Wiegand*, a.a.O. (Fn. 9), Rdnr. 280.; *Münchener/Oechsler*, a.a.O. (Fn. 9), Rdnr. 19. なお，このような状態は，「譲渡担保権の分割（Aufspaltung des Sicherungseigentums）」と表現されている（*Bankrechts-Handbuch/Ganter*, a.a.O. (Fn. 3), Rdnr. 156.）。また，このようなドイツの判例法理に言及する日本の文献として，池田・前掲注3）288-289頁，水津太郎「ドイツ法における将来動産と将来債権の譲渡担保――商品倉庫の譲渡担保と包括債権譲渡担保を念頭において――」法学研究88巻1号207-209頁（平成27年），同「ドイツにおける在庫担保――その構造と特徴」NBL1070号47-48頁（平成28年）。
29) *Barbier*, a.a.O. (Fn. 9), S. 521.
30) *Menke*, a.a.O. (Fn. 3), S. 407.; *Giesen*, a.a.O. (Fn. 3), S. 223.
31) *Giesen*, a.a.O. (Fn. 3), S. 210ff.
32) *Giesen*, a.a.O. (Fn. 3), S. 229.

適合的である[36]。まず，BGB1209条は，異なった質権の順位を，被担保債権の発生時ではなく質権の設定時に従って決定している。質権の設定行為は行われているが，この時点においては被担保債権がまだ発生していないため，質権の附従性により質権も発生していない。それにもかかわらず，複数の処分の間の順位が決定される。この状況は，先取りされた占有改定を伴う多重的譲渡担保の場合と非常に類似している。この場合において，譲渡担保のために必要な法律行為は既に行われているが，譲渡担保の完成（Vollendung）に必要な目的物の代理占有関係はまだ成立していない[37]。また，BGB185条2項2文は，無権限者が目的

---

33) BGB1209条（質権の順位）「質権の順位（Rand des Pfandrechts）にとって，質権が将来の債権または条件付きの債権のために設定されているときにも，設定時（Zeit der Bestellung）が決定的である。」

34) BGB185条（無権限者の処分）「(1)目的物に関する無権限者（Nichtberechtigter）が行う処分は，それが権利者の事前同意（Einwilligung des Berechtigten）で行われるときは，有効である。(2)その処分は，権利者がそれを追認するとき，または，処分者（Verfügende）がその目的物を取得するとき，または，処分者が権利者によって相続され，かつ，権利者が遺産債務（Nachlassverbindlichkeiten）について無制限に責任を負うとき，有効となる。後に列挙した2つの場合において，目的物に関して相矛盾する複数の処分がされたときには，前の処分のみが有効となる。」訳はライポルト（円谷訳）・前掲注4）560頁を参照した。

35) BGB161条（不確定な状態の間にされた処分の無効）「(1)ある者（jemand）が停止条件のもとに目的物を処分した場合には，その目的物（Gegenstand）について不確定な状態（Schwebezeit）の間にされたすべての処分は，条件が成就したときにはその処分が条件に従属する効力を挫折させ，または侵害するかぎりで，無効となる（unwirksam）。不確定な状態が強制執行（Zwangsvollstreckung）もしくは仮差押執行（Arrestvollziehung）の方法により，または，破産管財人（Insolvenzverwalter）により生じる処分は，本項1文での処分と同じである。(2)その権利が条件の成就で終了する者による処分に関する解除条件の場合も（bei einer auflösenden Bedingung）同様である。(3)その権利が無権限者によって行われる者のための諸規定は，準用される。」訳はライポルト（円谷訳）・前掲注4）558頁を参照した。

36) *Giesen*, a.a.O. (Fn. 3), S. 233.

37) *Giesen*, a.a.O. (Fn. 3), S. 233.

物に関して相矛盾する複数の処分を行い，後にその目的物を取得する場合においては，前の処分のみが有効となると規定する。無権限者が処分を行った時点において，処分はまだ効力を生じていない。まだ完成されていない2つの相矛盾する処分が問題となっている点で，先取りされた占有改定を伴う多重的譲渡担保と類似している[38]。さらに，BGB161条1項は，より古い合意が優先されるべきであるという法思想（Rechtsgedanken）に基づく規定である[39]。以上のことから，先取りされた占有改定を伴う多重的譲渡担保の場合には，これらの規定を準用して，より早い担保権者に有利となる「早い者勝ちルール」が妥当である。つまり，BGHの法的見解とは逆に，新在庫についても第一担保権者が所有者となるべきである[40]。

しかしながら，このようなGiesenの見解に対しては，法的根拠を欠くだけでなく客観的に正当（sachgerecht）でもないと批判されており[41]，学説において広く受け入れられているわけではない。

### 4. 本節の小括

ドイツにおいても譲渡担保は従来から判例及び学説上認められており，複数の譲渡担保の競合は多重的譲渡担保として従来から議論されてきた。

譲渡担保によって担保権者は形式通りに目的物の所有権を取得するものとされているため，担保権設定者が目的物を第一担保権者に譲渡担保として提供した後で，さらに第二担保権者に譲渡担保として提供する場合には，担保権設定者は目的物を無権利者として第二担保権者に処分す

---

38) *Giesen,* a.a.O.（Fn. 3), SS. 234-235.
39) *Giesen,* a.a.O.（Fn. 3), SS. 235-236.
40) *Giesen,* a.a.O.（Fn. 3), S. 237.
41) *Staudinger/Wiegand,* a.a.O.（Fn. 9), Rdnr. 278. なお，Giesenの見解に言及する文献は非常に少なく，これに賛同するものは見当たらなかった。

ることとなる。したがって，原則として常に第一担保権者のみが目的物の譲渡担保権を取得し，第二担保権者は善意取得の要件を満たす場合のみ譲渡担保権を取得することができる。

しかしながら，以上のような一般論に対して，一定の領域内の現在及び将来の動産を譲渡担保の目的物とする領域譲渡担保が競合する場合には，判例及び学説上，特殊な取り扱いがされている。この点について判示した BGH 1960 年 9 月 27 日判決及びこれを定式化した学説は，第二譲渡担保契約が締結されるまでに担保領域内に現存する物（旧在庫）と，第二譲渡担保契約が締結された後に担保領域内に搬入された物（新在庫）を区別する。すなわち，旧在庫については，一般論と同様，第一担保権者が譲渡担保権を取得し，第二担保権者は善意取得の要件を満たす場合のみ譲渡担保権を取得することができる。他方，新在庫については，担保権設定者が第二担保権者との間で，第一担保権者との譲渡担保契約と矛盾する契約を締結することによって，第二担保権者のために行う意思を表明したとされるため，第二担保権者が先行する譲渡担保契約の存在について善意であるか否かに関係なく，第二担保権者が譲渡担保権を取得する。このような取り扱いについて，多くの学説は特に異論なく承認してきたが，近年，新在庫についても第一担保権者を優先すべきという見解が Giesen によって主張されている。

## 第 2 節　日本の法状況

### 1. 序説

本節においては，日本における，複数の譲渡担保の競合に関する判例及び学説の展開について検討する。日本において，譲渡担保は従来から判例及び学説によって承認されてきたが，複数の譲渡担保の競合について判示した裁判例は，判例集に登載されたものを見る限り，近時に至る

まで存在せず，最判平成 18 年 7 月 20 日民集 60 巻 6 号 2499 頁（以下「最高裁平成 18 年判決」という。）が最初である[42]。

以下においては，まず複数の譲渡担保の競合に関する従来からの学説状況を確認した上で，最高裁平成 18 年判決を分析し，それに対する学説の評価を検討することとする。

## 2．従来の学説状況

学説はこれまで，複数の譲渡担保の競合について，譲渡担保の法的構成との関連で，譲渡担保の対外的効力の問題の 1 つとして論じていた。そこで以下においては，まず譲渡担保の法的構成に関する従来の学説状況を確認した上で，複数の譲渡担保の競合についての学説における各見解を見ることとする[43]。

学説において，譲渡担保の法的構成は，所有権的構成と担保的構成に大別される。所有権的構成は，目的物の所有権は形式通り譲渡担保権者に完全に移転し，譲渡担保権者は設定者に対して，目的物の所有権を担保目的のみに行使するという債権的な拘束を受けるに過ぎないと考える見解である。このような見解は，ドイツにおける信託行為理論（本章第 1 節の 2 を参照）を基礎にしたものである[44]。他方，担保的構成は，債権担保という譲渡担保の目的を重視して，譲渡担保権者の権利を担保目的に限定する見解であるが，その理論構成には様々なものが存在する。

---

42) 宮坂昌利「判解」最高裁判所判例解説・民事篇平成 18 年度（下）850 頁（平成 21 年）。なお，最高裁は同日付で，本件と同様の事案についても判決を下している（金法 1792 号 55 頁）。ここでも譲渡担保の競合について判示しているが，その内容は民集 60 巻 6 号 2499 頁と同一の内容であるため，本書では扱わない。なお，以下本書において最高裁平成 18 年判決というときは，民集 60 巻 6 号 2499 頁掲載のものを指すものとする。

43) 本節においては，最高裁平成 18 年判決以前の状況を検討するため，平成 18 年以前の文献を用いた。

44) 近江幸治『担保物権法〔新版補正版〕』281 頁（弘文堂，平成 10 年）。

第 1 章　複数の譲渡担保の競合

　主な見解として，設定者留保権説，二段物権変動説，物権的期待権説，担保権説，抵当権説がある。設定者留保権説は，目的物の所有権は一応譲渡担保権者に移転しているが，それは債権担保の目的に応じた部分に限られ，残りの部分の物権（設定者留保権）は設定者に留保されていると考える見解である[45]。二段物権変動説は，目的物の所有権はいったん譲渡担保権者に移転した後，担保目的以外の部分が設定者に戻されると構成する[46]。物権的期待権説は，設定者は所有権を復帰させることができる期待権を有すると考える[47]。これらの見解はいずれも，担保的構成とはいえ，一応所有権は譲渡担保権者に移転しているとするのに対して，担保権説と抵当権説は，譲渡担保の担保としての実質に合わせて，譲渡担保権者への所有権の移転を否定する。担保権説は，目的物の所有権は設定者に帰属し，譲渡担保権者は目的物の価値支配を内容とする一種の制限物権を有するものと構成する[48]。抵当権説は，譲渡担保契約については動産抵当を設定する趣旨と解釈した上で，目的物の「所有権は終始設定者のもとに留まっており，その所有権に抵当権が設定される」とする[49]。

　このように，譲渡担保の法的構成については様々な見解が主張されているが，複数の譲渡担保の競合について，各学説の内容は以下の通りである。所有権的構成によると，第一譲渡担保契約によって目的物の所有権は既に設定者から譲渡担保権者に移転しているため，第一譲渡担保権者に後れる者は無権利者から目的物を譲り受けた者として扱われ，即時取得の成否が問題となるに過ぎない[50]。担保的構成のうち，担保権説

---

[45] 道垣内弘人『担保物権法』293-294 頁（有斐閣，平成 16 年），内田貴『民法 III　第 3 版　債権総論・担保物権』523 頁（東京大学出版会，平成 17 年）。
[46] 鈴木禄弥『物的担保制度の分化』480-488 頁（創文社，平成 4 年）。
[47] 川井健『民法概論 2（物権）』549-550 頁（有斐閣，平成 9 年）。
[48] 高木多喜男『担保物権法〔第 4 版〕』333-334 頁（有斐閣，平成 17 年），近江・前掲注 44）282-283 頁。
[49] 米倉明『譲渡担保の研究』44 頁（有斐閣，昭和 51 年）。

と抵当権説によると，目的物の所有権は設定者に帰属すると構成されるため，同一の目的物に対する複数の譲渡担保権の設定は可能であり，その優劣は対抗要件具備（占有改定または動産譲渡登記）の順序によって決定される[51]。担保的構成のうち，目的物の所有権は一応譲渡担保権者に移転すると考える設定者留保権説，二段物権変動説，物権的期待権説の場合には，論者によって見解が分かれている。担保権説や抵当権説と同様に，対抗要件具備の順序に従い後順位の譲渡担保権の設定を認める見解が存在する一方で[52]，第一譲渡担保権者に後れる者は，設定者留保権を担保目的で取得するにとどまるとする見解も存在する[53]。

以上の通り，複数の譲渡担保の競合については，譲渡担保の法的構成との関連で，譲渡担保の対外的効力の問題の1つとして論じられていたが，従来はこの点に関する裁判例が存在しなかったこともあり，さほど

---

50）我妻栄『新訂 担保物権法』650頁（岩波書店，昭和43年）。
51）高木・前掲注48）349，354-355頁。山野目章夫『物権法 第3版』306頁（日本評論社，平成17年）も，「利益考量が最も巧みである」としてこの見解に賛同する。なお，譲渡担保権の順位について，近江・前掲注44）296-297頁（同『民法講義III 担保物権〔第2版補訂〕』318頁（成文堂，平成19年）においても同様）は「設定の順序」，米倉・前掲注49）77-78頁は「設定契約に付された確定日付の先後」によって優劣を決定すべきとしている。従来は対抗要件具備を基準とする場合と実際上の相違はなかったが，動産譲渡登記制度が作られたことにより，対抗要件具備を基準とするか設定の順序を基準とするかによって結論が変わる場合がある。例えば，設定者Aと譲渡担保権者Bとの間で締結された1番目の設定契約において，対抗要件として動産譲渡登記が選択された場合には，動産譲渡登記前に設定者AがCとの間で2番目の設定契約を締結し，占有改定を行うことがあり得る。このとき，設定の順序を基準とすると，Bが第1順位，Cが第2順位の譲渡担保権者となるが，対抗要件具備の順序を基準とすると，Cが第1順位，Bが第2順位の譲渡担保権者となる（高木・前掲注48）355頁参照）。
52）内田・前掲注45）532頁，川井・前掲注47）563頁。
53）道垣内・前掲注45）305-306頁，鈴木・前掲注46）385-386頁。ただし，鈴木・前掲注46）386頁は，「設定者留保権上に担保権を設定した」と考えた上で，「結局は，目的物上の後順位担保権が設定されたのと同じ結果になる」としている。

注目されておらず，活発な議論が行われているとは言い難い状況であった。

## 3. 最高裁平成 18 年判決

(1) 事実の概要[54]

　Y 会社は平成 12 年 6 月 30 日，訴外 A 会社との間で集合動産譲渡担保契約を締結し，占有改定の方法により目的物を引き渡した。この契約において，譲渡担保の目的物は甲漁場ほかの漁場のいけす内に存在する Y 所有の養殖魚全部とすること，被担保債権は A が Y に対して現在及び将来有する一切の債権とし，極度額を 25 億円とすることが合意された。また，同年 12 月 7 日，Y は訴外 B 会社との間で集合動産譲渡担保契約を締結し，占有改定の方法により目的物を引き渡した。この契約において，譲渡担保の目的物は甲漁場のいけす内に存在する Y 所有の養殖魚全部とすること，被担保債権は B が Y に対して現在及び将来有する一切の債権とし，極度額を 10 億円とすることが合意された。さらに平成 15 年 2 月 14 日，Y は訴外 C 会社との間で集合動産譲渡担保契約を締結し，占有改定の方法により目的物を引き渡した。この契約において，譲渡担保の目的物は甲漁場ほかの漁場のいけす内に存在する Y 所有の養殖魚全部とすること，被担保債権は C と Y 間の商取引及び金融取引に基づく債権とし，極度額を 30 億円とすることが合意された。そして同年 4 月 30 日，Y は X 会社との間で以下の内容の契約を締結した。本件契約の内容は，Y は X に対して甲漁場内の特定のいけす内に存在するブリ 13 万 5,212 尾を売却すること，X は本件養殖魚の飼育管理を Y に委託すること，Y は預託された本件養殖魚を X から買い戻

---

[54] 本件においては，集合動産譲渡担保の設定者が目的物について通常の営業の範囲を超える処分をした場合における，譲受人による承継取得の可否についても争われているが，この点については本書では言及しない。

し，これに加工を行いXに販売することである。同年7月30日，Yは東京地裁に民事再生手続開始の申立てを行い，同年8月4日，同開始決定がされた。そこで，XはYに対して，本件契約により本件養殖魚の所有権を取得したとして，所有権に基づき本件養殖魚の引渡しを請求した。

1審（宮崎地日南支判平成16年1月30日民集60巻6号2511頁）は本件契約を売買契約と認定した上で，「本件物件について，Aが占有改定による引渡しにより対抗要件を具備している以上，Xが，本件物件の所有権を取得するためには，本件物件を即時取得するほかはない」と判示してXの請求を棄却した。2審（福岡高宮崎支判平成17年1月28日民集60巻6号2527頁）も1審と同様に本件契約を売買契約と認定したが，「譲渡担保設定者において譲渡担保の目的物を通常の営業の範囲内で第三者に売却することが許容されている集合動産譲渡担保権にあっては，譲渡担保の目的物の売却によりその所有権を第三者に確定的に移転取得させることができるという物権的地位が設定者にとどめられている」「Yから本件物件を買い受けたXは，Yが有する上記物権的地位，すなわち，本件物件の所有権をXに確定的に移転取得させることができるという物権的地位に基づき，本件物件の所有権を承継取得した」と判示し，1審判決を取り消してXの請求を認容した。これに対して，Yが，本件契約は譲渡担保契約であると主張して上告した。

(2)判旨

最高裁は本件契約を譲渡担保契約であると認定した上で，以下のように判示して原判決を破棄し，Xの請求を棄却した。

「本件契約については，本件契約に先立って，A，B及びCのために本件各譲渡担保が設定され，占有改定の方法による引渡しをもってその対抗要件が具備されているのであるから，これに劣後する譲渡担保が，Xのために

重複して設定されたということになる。このように重複して譲渡担保を設定すること自体は許されるとしても，劣後する譲渡担保に独自の私的実行の権限を認めた場合，配当の手続が整備されている民事執行法上の執行手続が行われる場合と異なり，先行する譲渡担保権者には優先権を行使する機会が与えられず，その譲渡担保は有名無実のものとなりかねない。このような結果を招来する後順位譲渡担保権者による私的実行を認めることはできないというべきである。」

(3) 考察

最高裁平成18年判決は，設定者Yが訴外A，B，C及びXに対して同一の目的物に順次譲渡担保権を設定したところ，その後Yについて民事再生手続が開始されたため，Xが目的物について所有権を取得したと主張して，Yに対して目的物の引渡しを請求した事案である。本判決において，最高裁は，設定者による譲渡担保の重複設定は許容され，その場合の順位は対抗要件具備の順序で決定されるが，先順位譲渡担保権者を保護するため，後順位譲渡担保権者による私的実行は認められない旨を判示した。本判決は，下級審も含め，複数の譲渡担保の競合について判示した最初の判決であり[55]，学説においては以下の通り様々な評価がされている。

## 4．学説の評価

①譲渡担保の法的構成との関係

まず，本判決が譲渡担保の法的構成についてどのような立場を取っているかが問題とされる。本判決は譲渡担保の重複設定を許容し，さらに「後順位譲渡担保権者」という言葉を用いているが，この点を譲渡担保の法的構成との関係においてどのように評価するか，学説において見解が分かれている。本判決は譲渡担保の法的構成について担保的構成を採

---

[55] 宮坂・前掲注42) 850頁。

用したと解釈すべきとする見解が存在する一方で[56]，所有権的構成をとる場合でも必ずしも譲渡担保の重複設定が不可能というわけではないとして，本判決の判示事項を譲渡担保の法的構成に直結させることに否定的な見解も主張されている[57]。しかしながら，本判決が一般論として担保的構成を採用したとまではいえないが，担保としての実質をより重視した判決であると評価する見解も有力である[58]。また，本判決においては後順位譲渡担保権者による私的実行が否定されていることを根拠として，本判決は設定者留保権説に親和的であるとの見解も存在する[59]。したがって，全体として見ると，本判決を譲渡担保の法的構成と結びつけることには慎重な見解が有力であるものの，本判決は譲渡担保の担保としての実質を重視していると評価する見解が多数であるということができる。

②譲渡担保の重複設定

また，本判決が譲渡担保の重複設定を許容しつつも，後順位譲渡担保

---

[56] 千葉恵美子「判批」平成18年度重判解77頁（平成19年），丸山絵美子「判批」法セミ623号119頁（平成18年），佐伯一郎「判批」銀法668号47頁（平成18年），渡部晃「集合動産譲渡担保契約の目的動産についての債務者（譲渡担保設定者）の処分行為と相手方（目的動産の譲受人）の承継取得の可否（下）」金法1795号56頁（平成19年），池田雄二「判批」北大法学論集59巻3号415頁（平成20年），田髙寛貴「譲渡担保の法的構成・再論」名古屋大学法政論集254号277-278頁（平成26年）。

[57] 森田修「判批」法協124巻11号221-222頁（平成19年），古積健三郎「判批」民商136巻1号31-32頁（平成19年）。

[58] 武川幸嗣「判批」判評582号201頁（平成19年），浅野謙一「金融判例講座（149）」信用保険月報50巻4号34頁（平成19年）。

[59] 道垣内弘人『担保物権法 第4版』319頁（有斐閣，平成29年）。また，調査官解説である宮坂・前掲注42）851頁においても，この見解が好意的に評価されている。他方，田髙・前掲注56）277-278頁は，第二順位，第三順位の譲渡担保権の設定を説明することが困難であること，設定者留保権という権利の内容が明らかではないことなどを理由に，この見解を強く批判する。

権者による私的実行を否定したことについても，様々な見解が主張されている。本判決が譲渡担保の重複設定を許容した点について，これに批判的な見解も設定者留保権説の論者から主張されているが[60]，設定者による目的物の価値の有効利用という観点からは譲渡担保の重複設定を認める方が望ましいとして，これに肯定的な見解が学説上は多数である[61]。

③後順位譲渡担保権者による私的実行

さらに，本判決が後順位譲渡担保権者による私的実行を否定した点について，先順位譲渡担保権者の優先権を保障する制度が存在しないことを理由にこれを支持する見解が多数であるが，後順位譲渡担保権の存在を認めるのであればその実行方法も示すべきであるとして，私的実行を認めるべきとする見解も存在する[62]。

④後順位譲渡担保権の具体的内容

③で述べたように，後順位譲渡担保権者による私的実行の可否について，学説上は見解が分かれているが，判例法理を前提とする限り，私的実行できない後順位譲渡担保権にどのような実益があるかが問題とな

---

[60] 道垣内弘人「集合動産譲渡担保論の新段階」金判1248号1頁（平成18年）。
[61] 小山泰史「判批」判例セレクト2006〔法教318号別冊〕22頁（平成19年），池田雅則「動産譲渡担保目的物の処分と効力の及ぶ範囲からの離脱」金法1823号80-81頁（平成20年），小田垣亨「集合動産譲渡担保における後順位担保権者による私的実行，通常の営業の範囲外の処分がもたらす効果」金法1807号32頁（平成19年），大島一悟「集合動産譲渡担保の重複設定における私的実行の可否と目的物の処分」広島法学31巻3号78-79頁（平成20年）。
[62] 判例を支持する見解として，千葉・前掲注56）21頁，池田・前掲注56）415頁，古積・前掲注57）32頁，道垣内・前掲注60）1頁，田髙・前掲注56）275-277頁。他方，渡部・前掲注56）56-57頁は，後順位担保権者にも私的実行を認めた上で，先順位譲渡担保権者に第三者異議の訴え（民事執行法38条）による執行排除を認めればよいとする。

る。これについては，先順位譲渡担保権が消滅した場合に順位が上昇すること，先順位譲渡担保権の実行後に清算金から優先弁済を受け得ることに実益があると考えられている[63]。しかしながら，特に後者については，後順位譲渡担保権者はどのような手続によって清算金に対して権利行使するかが不明であるという指摘もあり[64]，これらの実益について疑問を呈し，後順位譲渡担保権の実効性は大きくないとする見解も存在する[65]。いずれにせよ，本判決においては後順位譲渡担保権の具体的内容は明らかにされておらず，今後の判例及び学説の展開に委ねられているとされている[66]。

---

[63] 宮坂・前掲注42) 851頁，武川・前掲注58) 201頁，池田・前掲注61) 82頁，田中克志「集合動産譲渡担保と目的動産の不適正処分に関する一考察――最高裁平成18年7月20日判決をめぐって――」静岡大学法政研究11巻1・2・3・4号19頁（平成19年），渡邊博己「集合動産譲渡担保権設定者の担保目的物処分とその効力」NBL867号25頁（平成19年），片山直也「判批」金法1812号39頁（平成19年）。

[64] 佐伯・前掲注56) 47頁，武川・前掲注58) 201頁，道垣内・前掲注60) 1頁，小山泰史「構成部分の変動する集合動産を目的物とする譲渡担保の設定者が目的動産につき通常の営業の範囲を超える売却処分をした場合における処分の相手方による承継取得の可否」銀法673号76頁（平成19年），今尾真「判批」明治学院大学法科大学院ローレビュー8号64-65頁（平成20年）。佐伯・前掲注56) 49頁（注20）は，「後順位譲渡担保権そのものの効力として清算金に対して優先権を行使できるのか，あるいは譲渡担保権に基づいて物上代位権を行使することになるのか，という問題がある」と指摘している。

[65] 小田垣・前掲注61) 32-33頁，池田・前掲注61) 82頁，渡邊・前掲注63) 25頁，田中・前掲注63) 19頁，今尾・前掲注64) 65頁，進士肇「判批」金判1286号97頁（平成20年），池田雅則「判批」民法判例百選Ⅰ〔第7版〕199頁（平成27年）。なお，粟田口太郎「集合動産譲渡担保の効力」小林明彦・道垣内弘人編『実務に効く 担保・債権管理判例精選』142頁（有斐閣，平成27年）によると，このような後順位譲渡担保権の問題点を克服するため，「実務上，複数の債権者が同一の目的物につき譲渡担保の設定を受けようとする場合においては，これらの債権者が1個の譲渡担保権を準共有し，債権者の連名で動産譲渡登記を具備し，債権者間で内部的に担保実行時の配分等につき約定することもある」とされている。

⑤本判決の射程

本判決は複数の集合動産譲渡担保の競合が問題となった事案であるが、本判決の射程は集合動産譲渡担保に限定されるのか、それとも個別動産の譲渡担保を含む譲渡担保一般にも及ぶのかが問題となる。この点について、調査官解説によると、本判決の射程は集合動産譲渡担保に限定されるものではなく、譲渡担保一般に妥当するものとされている[67]。

## 5. 本節の小括

複数の譲渡担保の競合について、従来、日本の学説においては、譲渡担保の法的構成との関連で、譲渡担保の対外的効力の問題の1つとして議論されていた。所有権的構成によると、即時取得の成否が問題となるに過ぎない一方で、担保的構成によると、理論構成には様々なものが存在するものの、同一の目的物に対する複数の譲渡担保権の設定は可能であるとするものが多かった。しかしながら、近年に至るまでこの問題に関する裁判例は存在しなかったこともあり、さほど活発な議論は行われていなかった。

この問題について最初に判示した最高裁平成18年判決は、設定者による譲渡担保の重複設定は許容され、その場合の順位は対抗要件具備の順序で決定されるが、先順位譲渡担保権者を保護するため、後順位譲渡担保権者による私的実行は認められない旨を判示した。本判決について、学説においては様々な評価がされているが、本判決が譲渡担保の重複設定を許容したことについて、本判決を譲渡担保の法的構成と結びつけることには慎重であるものの、譲渡担保の担保としての実質を重視した判決であるとする理解が有力である。もっとも、本判決においては後

---

66) 森田・前掲注57) 222頁。道垣内・前掲注60) 1頁は、「本判決によって、議論は新たな段階に入った」とする。
67) 宮坂・前掲注42) 851頁。

順位譲渡担保権の私的実行は認められず，後順位譲渡担保権の具体的内容にも言及されていない。この点については今後の判例及び学説の展開によって明らかにされることが期待されている。

まとめ

　本章においては，複数の譲渡担保の競合について，ドイツと日本の法状況をそれぞれ検討してきた。

　ドイツにおいて，複数の譲渡担保の競合は多重的譲渡担保の問題として議論されている。譲渡担保によって担保権者は形式通りに目的物の所有権を取得するものとされているため，一般論としては，原則として第一担保権者のみが目的物の譲渡担保権を取得し，第二担保権者は善意取得の要件を満たす場合のみ譲渡担保権を取得することができるものとされている。しかしながら，領域譲渡担保の場合において，判例及び多数説は，代理占有意思の解釈を根拠として，第二譲渡担保契約が締結された後に担保領域内に搬入された物について，第二担保権者が譲渡担保権を取得するという特殊な取り扱いを認めている。

　他方，日本においては，近年に至るまで複数の譲渡担保の競合に関する裁判例は存在せず，また学説においても，この問題に関する活発な議論はさほど行われてこなかった。この問題について最初に判示した最高裁平成18年判決は，設定者による譲渡担保の重複設定は許容され，その場合の順位は対抗要件具備の順序で決定されるが，先順位譲渡担保権者を保護するため，後順位譲渡担保権者による私的実行は認められない旨を判示した。本判決について，学説においては様々な評価がされており，今後の判例及び学説のさらなる展開が期待されている。

　以上の検討から，複数の譲渡担保の競合について，ドイツにおいては，譲渡担保の所有権移転という形式が重視される結果，「後順位譲渡

担保権」というものは観念されない一方で，日本においては，学説上の評価は一致していないものの，最高裁平成 18 年判決は「後順位譲渡担保権」という概念を一応承認しているかのような文言を用いていることが分かる。ドイツと日本では，譲渡担保が判例及び学説上認められている点は同じであるが，複数の譲渡担保の競合に関する取り扱いは決定的に異なるということができる。

# 第 2 章

# 譲渡担保と動産先取特権の競合

## 序　論

　本章においては，譲渡担保と動産先取特権の競合について検討する。譲渡担保と動産先取特権の競合は，動産先取特権の目的物が第三者に譲渡担保として提供された場合に発生する。非占有動産担保の競合という点においては，第1章で検討した複数の譲渡担保の競合と共通している一方，非典型担保と典型担保の競合という点や，約定担保物権と法定担保物権の競合という点においては，複数の譲渡担保の競合とは異なった特徴を有する。この問題について，日本においては，譲渡担保と動産売買先取特権が競合した事案について判示した最判昭和62年11月10日民集41巻8号1559頁を契機として，学説上活発な議論が行われている。

　他方，ドイツ法においては，日本法のような先取特権という種類の担保物権は存在しない。しかしながら，同様の機能を有する法定担保物権として，法定質権があり，譲渡担保と法定質権の競合が判例及び学説において問題とされている。この問題についてのドイツの法状況を検討することによって，日本における譲渡担保と動産先取特権の競合を考察する際にも一定の示唆を得ることができると考えられる。

　そこで以下においては，まずドイツにおける譲渡担保と法定質権の競合に関する判例及び学説の状況を概観した上で（第1節），次に日本における譲渡担保と動産先取特権の競合に関する判例及び学説の状況について検討を行う（第2節）。

## 第 1 節　ドイツの法状況

### 1. 序説

　既に述べたように，日本とは異なり，ドイツ法においては先取特権という種類の担保物権は存在しない。しかしながら，特定の債権者に優先弁済権を与えるための法定担保物権として，法定質権（gesetzliches Pfandrecht）が存在する[68]。ドイツ民法典（BGB）においては，使用賃貸人の質権（BGB562条）[69]，属具についての用益賃借人の質権（BGB583条）[70]，農地用益賃貸借契約（Landpachtvertrag）における用益賃貸人の質権（BGB592条）[71]，請負人の質権（BGB647条）[72]，旅

---

68）近江・前掲注51）41頁。
69）BGB562条（使用賃貸人の質権の範囲）「(1)使用賃貸人（Vermieter）は，使用賃貸借関係（Mietverhältnis）に基づく自己の債権のために，持ち込まれた使用賃借人の物の上に（an den eingebrachten Sachen des Mieters）質権を有する。質権は，差押えに服しない物に及ばない。(2)将来の損害賠償債権並びに当期及び次期より後の期間に対する賃料（Miete）については，質権を主張することができない。」訳は右近健男編『注釈ドイツ契約法』234-235頁〔尾崎三芳〕（三省堂，平成7年）を一部参照した（2001年の債務法改正前のBGB559条）。
70）BGB583条（属具についての用益賃借人の質権）「(1)不動産の用益賃借人（Pächter）は，不動産とともに用益賃借した属具（Inventar）に関し用益賃貸人（Verpächter）に対して生じた債権について，その占有するに至った属具の上に（an den in seinen Besitz gelangten Inventarstücken）質権を有する。(2)用益賃貸人は，担保を供与して用益賃借人の質権の実行を免れることができる。用益賃貸人は，すべての個々の属具をその価額に応じた担保を供与して質権より免れさせることができる。」訳は右近編・前掲注69）304頁〔村田博史〕を参照した。
71）BGB592条（用益賃貸人の質権）「用益賃貸人（Verpächter）は，用益賃貸借関係（Pachtverhältnis）に基づく自己の債権のために，持ち込まれた用益賃借人の物及び目的物の果実（Früchte）の上に質権を有する。将来の損害賠償債権については，質権を行使することができない。民事訴訟法第811条第1項第4号に掲げる物を除き，質権は，差押えに服さない物に及ばない。第562a条から第562c条までの規定を準用する。」訳は右近編・前掲注69）326-327頁〔村田博史〕を一部参照した。

館主の質権（BGB704 条）[73]が規定されている[74]。法定質権は当事者間の設定契約によることなく，法律上の要件を具備することによって当然に成立するという点で，日本における先取特権と同様の機能を有する。

これらの法定質権が及ぶ目的物を，債務者が第三者に対して譲渡担保として提供するとき[75]，譲渡担保と法定質権の競合が問題となり得る。ドイツにおいては，譲渡担保と使用賃貸人の質権（Vermieterpfandrecht）の競合が特に問題とされている。そこで以下においては，ドイツにおける譲渡担保と法定質権の競合のうち，譲渡担保と使用賃貸人の質権の競合について検討する。

使用賃貸人の質権は，使用賃貸借関係から生ずる使用賃貸人（Vermieter）の債権（賃料債権，損害賠償請求権等）を担保するため，使用賃貸借の目的物の中にある使用賃借人（Mieter）の物の上に成立する。これは日本における不動産賃貸の先取特権（民法312条）に相当するものであるということができる。譲渡担保と使用賃貸人の質権の競合は，

---

72) BGB647 条（請負人の質権）「請負人（Unternehmer）が製作（Herstellung）の際に又は修理（Ausbesserung）のために占有するに至った（in seinen Besitz gelangt）動産があるときは，請負人は，契約に基づく債権のために，製作又は修理した注文者（Besteller）の動産の上に質権を有する。」訳は右近編・前掲注69) 437 頁〔右近健男〕を参照した。

73) BGB704 条（旅館主の質権）「旅館主は，宿泊及び立替金を含む顧客の必要を満たすために行ったその他の給付のための債権につき，顧客が持ち込んだ物に質権を有する。使用賃貸人の質権に適用される第 562 条第 1 項第 2 文及び第 562a 条から第 562d 条までの規定を準用する。」訳は右近編・前掲注69) 576 頁〔右近健男〕を参照した。

74) さらにドイツ商法典（HGB）においては，問屋（Kommissionär）の質権（HGB397 条），運送人（Frachtführer）の質権（HGB440 条），運送取扱人（Spediteur）の質権（HGB464 条），倉庫業者（Lagerhalter）の質権（HGB475b 条）が規定されている。

75) ドイツにおいて，譲渡担保は，担保の合意（Sicherungsabrede）とともに，担保権設定者が担保権者に目的物の所有権を占有改定の合意のもとで移転するという方法で行われる（詳細については第 1 章第 1 節の 1 を参照）。

担保権設定者である使用賃借人によって担保権者に譲渡担保として提供されている目的物が，使用賃貸借の領域（Mietraum）内にあるときに発生する。このような場合においては，譲渡担保権者（Sicherungseigentümer）と使用賃貸人の間の法律関係が問題となるが，ドイツにおいては，①目的物が使用賃貸借の領域に搬入（Einbringung）される前に譲渡担保権が設定された場合，②目的物が使用賃貸借の領域に搬入された後で譲渡担保権が設定された場合，③領域譲渡担保（Raumsicherungsübereignung）の場合，の3つの類型に分けてそれぞれ議論されている[76]。以下においては，これらの3つの類型における譲渡担保権者と使用賃貸人の法律関係を順に検討する。

## 2. 搬入前の譲渡担保

まず第一に，目的物が使用賃貸借の領域に搬入される前に，使用賃借人（担保権設定者）によって，担保権者に譲渡担保として提供された場合について検討する。通説によると，このような場合において，使用賃貸人は目的物について質権を取得せず，担保権者は負担のない譲渡担保権（Sicherungseigentum）を取得する[77]。担保権者が負担のない譲渡担保権を取得する理由については，BGB562条において，目的物が使用

---

76) *Bankrechts-Handbuch/Ganter*, a.a.O. (Fn. 3), Rdnr. 144.; *Staudinger/Wiegand*, a.a.O. (Fn. 9), Rdnr. 302-303.; *J. von Staudingers Kommentar zum Bürgerlichen Gesetzbuch mit Einführungsgesetz und Nebengesetzen*, Buch 2, §§ 535-562d, Neubearbeitung 2011, § 562 [*Volker Emmerich*] (zit., *Staudinger/Emmerich*), Rdnr. 16-17.; *Münchener/Oechsler*, a. a. O. (Fn. 9), Rdnr. 23.; *Münchener Kommentar zum Bürgerlichen Gesetzbuch*, Bd. 3 Schuldrecht - Besonderer Teil, §§ 433-610, 6. Aufl. 2012, § 562 [*Markus Artz*] (zit., *Münchener/Artz*), Rdnr. 17-19.; *Prütting/Wegen/Weinreich BGB Kommentar*, 7., neu bearbeitete und erweiterte Aufl. 2012, § 562 [*Olaf Riecke*] (zit., *PWW-BGB/Riecke*), Rdnr. 10-12.; *Palandt Bürgerliches Gesetzbuch*, 72. neubearbeitete Aufl. 2013, § 562 [*Walter Weidenkaff*] (zit., *Palandt/Weidenkaff*), Rdnr. 10. また，この問題に関する日本の文献として，池田・前掲注3）290頁。

賃借人の物であることが使用賃貸人の質権の成立要件とされているところ，この場合には目的物の所有権が既に譲渡担保の時点で担保権者に移転しており[78]，成立要件を満たさないためである[79]。

また，通説によると，質権の善意取得（gutgläubiger Erwerb）に関するBGB1207条[80]が適用されるのは約定質権のみであり，法定質権には適用されないため，使用賃貸人が先行する譲渡担保権の存在について善意であったとしても，使用賃貸人は質権を善意取得することができない[81]。

---

77) *Bankrechts-Handbuch/Ganter*, a.a.O.（Fn. 3），Rdnr. 144.; *Staudinger/Wiegand*, a.a.O.（Fn. 9），Rdnr. 302.; *Staudinger/Emmerich*, a.a.O.（Fn. 76），Rdnr. 16.; *Münchener/Oechsler*, a.a.O.（Fn. 9），Rdnr. 23.; *Münchener/Artz*, a.a.O.（Fn. 76），Rdnr. 17.; *PWW-BGB/Riecke*, a.a.O.（Fn. 76），Rdnr. 10.; *Palandt/Weidenkaff*, a.a.O.（Fn. 76），Rdnr. 10.; *NK-BGB/Meller-Hannich/Schilken*, a.a.O.（Fn. 9），Rdnr. 81.; *Jürgen Vortmann*, Raumsicherungsübereignung und Vermieterpfandrecht, ZIP 1988, S. 627.; *Helmut Weber/Mario Rauscher*, Die Kollision von Vermieterpfandrecht und Sicherungseigentum im Konkurs des Mieters, NJW 1988, S. 1571.; *Gerfried Fischer*, Vorrang des Vermieterpfandrechts vor dem Sicherungseigentum? - BGHZ 117, 200, JuS 1993, S. 542.; *Andrea Nicolai*, Vermieterpfandrecht und（Raum-)Sicherungsübereignung, JZ 1996, S. 220.
78) ドイツにおいては，譲渡担保によって担保権者は形式通りに目的物の所有権を取得する。これについては，第1章第1節の2を参照。
79) *Staudinger/Wiegand*, a.a.O.（Fn. 9），Rdnr. 302.; *Münchener/Oechsler*, a.a.O.（Fn. 9），Rdnr. 23.; *Münchener/Artz*, a.a.O.（Fn. 76），Rdnr. 17.; *Vortmann*, a.a.O.（Fn. 77），S. 627.; *Weber/Rauscher*, a.a.O.（Fn. 77），S. 1571.; *Fischer*, a.a.O.（Fn. 77），S. 542.; *Nicolai*, a.a.O.（Fn. 77），S. 220.
80) BGB1207条（無権利者による質権設定）「物が質権設定者（Verpfänder）に帰属しない場合には，所有権の取得について適用される第932条，第934条，第935条の諸規定は，質権設定（Verpfändung）に準用される。」
81) *PWW-BGB/Riecke*, a.a.O.（Fn. 76），Rdnr. 10.; *Vortmann*, a.a.O.（Fn. 77），S. 627.; *Weber/Rauscher*, a.a.O.（Fn. 77），S. 1571.; *Fischer*, a.a.O.（Fn. 77），S. 542.; *Nicolai*, a.a.O.（Fn. 77），S. 220.

## 3. 搬入後の譲渡担保

次に，目的物が使用賃貸借の領域に搬入された後で，使用賃借人（担保権設定者）によって，担保権者に譲渡担保として提供された場合について検討する。通説によると，このような場合においては，担保権者は使用賃貸人の質権の負担が付いた譲渡担保権を取得するにとどまる[82]。使用賃貸人の質権は使用賃貸借の領域への目的物の搬入とともに直ちに成立するが，譲渡担保権は目的物の搬入後の設定契約によって初めて成立するため，優先性の原則（Prioritätsprinzip）に従って，時間的に先行して成立した使用賃貸人の質権が，譲渡担保権に優先する[83]。

なお，担保権者が使用賃貸人の質権の負担がない譲渡担保権を善意取得することは，通常は不可能である。なぜなら，善意取得のためには担保権者は目的物の直接占有を獲得しなければならないが（BGB936条1項3文[84]），譲渡担保の場合には目的物の直接占有の獲得は通常行われないからである[85]。また，仮に担保権者が目的物の直接占有を獲得し

---

82) *Bankrechts-Handbuch/Ganter*, a.a.O. (Fn. 3), Rdnr. 144.; *Staudinger/Wiegand*, a.a.O. (Fn. 9), Rdnr. 302.; *Staudinger/Emmerich*, a.a.O. (Fn. 76), Rdnr. 17.; *PWW-BGB/Riecke*, a.a.O. (Fn. 76), Rdnr. 11.; *Palandt/Weidenkaff*, a.a.O. (Fn. 76), Rdnr. 10.; *NK-BGB/Meller-Hannich/Schilken*, a.a.O. (Fn. 9), Rdnr. 81.; *Vortmann*, a.a.O. (Fn. 77), S. 627.; *Fischer*, a.a.O. (Fn. 77), S. 542.; *Nicolai*, a.a.O. (Fn. 77), S. 220.; *Peter Gnamm*, Zusammentreffen von Sicherungsübereignung und Vermieterpfandrecht, NJW 1992, S. 2807. なお，下級審の裁判例であるが，OLG Düsseldorf ZMR 1999, 474ff.は，このような場合における使用賃貸人の質権の優先を承認した。

83) *PWW-BGB/Riecke*, a.a.O. (Fn. 76), Rdnr. 11.; *Vortmann*, a.a.O. (Fn. 77), S. 627.; *Fischer*, a.a.O. (Fn. 77), S. 542.; *Nicolai*, a.a.O. (Fn. 77), S. 220.

84) BGB936条1項3文（第三者の権利の消滅）「譲渡（Veräußerung）が第929a条（登録されていない航海船の場合の物権的合意）または第930条（占有改定）に従って行われるか，第931条（返還請求権の譲渡）に従って譲渡された物が譲渡人（Veräußerer）の間接占有になかった場合には，第三者の権利は，取得者が譲渡に基づいて物の占有を獲得するときに初めて消滅する。」

85) *Fischer*, a.a.O. (Fn. 77), S. 542.; *Nicolai*, a.a.O. (Fn. 77), S. 220. これは，日本における集合動産譲渡担保に相当する。

たとしても，担保権者は多くの場合，少なくとも担保権設定者である使用賃借人と使用賃貸人の間の使用賃貸借関係を知っていなければならず，これを知らない場合には重過失があると評価されるであろう[86]。

### 4. 領域譲渡担保
(1)問題の所在

既に述べた2つの類型の場合には，譲渡担保権と使用賃貸人の質権の優劣は法的に明確であるため，問題は生じない。しかしながら，領域譲渡担保と使用賃貸人の質権が競合する場合には，以下のような特殊な問題が存在する。

領域譲渡担保においては，担保権設定者と担保権者の間で合意された，商品倉庫等の一定の領域（担保領域）に現に存在する動産とともに，担保領域に将来搬入される動産が譲渡担保の目的物とされるが[87]，ここで指定された担保領域が使用賃貸借の領域であるとき，譲渡担保と使用賃貸人の質権の競合が発生する。このとき，領域譲渡担保の成立時点において担保領域に現に存在する動産については，特段の問題は生じない。この時点で既に使用賃貸人の質権が成立しているため，搬入後の譲渡担保と同様に，担保権者は使用賃貸人の質権の負担が付いた譲渡担保権を取得する。しかしながら，将来搬入される動産の譲渡担保については，特別な問題が存在する[88]。

既に第1章第1節の3(1)で検討したように，ドイツにおいて，将来搬入される動産を譲渡担保の目的物とする場合には，先取りされた譲渡担保（antizipierte Sicherungsübereignung）という形が用いられる。これは，所有権譲渡の物権的合意（Einigung）と代理占有関係（Besitz-

---

86) *Bankrechts-Handbuch/Ganter*, a.a.O. (Fn. 3), Rdnr. 144.; *Vortmann*, a.a.O. (Fn. 77), S. 627.; *Nicolai*, a.a.O. (Fn. 77), S. 220.
87) *Vortmann*, a.a.O. (Fn. 77), S. 626.
88) *Vortmann*, a.a.O. (Fn. 77), SS. 627-628.; *Nicolai*, a.a.O. (Fn. 77), S. 220.

mittlungsverhältnis）の合意を，担保権設定者が目的物の占有者となる前に予め担保権者との間で行うというものである[89]。もっとも，通説によると，担保権者が目的物についての所有権を取得するのは，合意を行った時点ではなく，目的物が担保権設定者に引き渡され，担保領域に搬入される時点である[90]。また，その際には，担保権者は目的物の所有権を第三者から直接取得するのではなく，担保権設定者を経由して取得する[91]。その結果，目的物が担保領域に搬入された時点で，担保権設定者は一時的に目的物の所有者となる[92]。それ故に，担保領域が使用賃貸借の領域である場合には，搬入された目的物はその時点で「使用賃借人の物」であるため，使用賃貸人の質権の成立要件を満たす。

以上のことから，将来搬入される動産の譲渡担保の場合には，担保領域として指定された使用賃貸借の領域に目的物が搬入された時点において，目的物についての譲渡担保権と使用賃貸人の質権が同時に成立する[93]。このような同時に成立した2つの権利の優劣は，条文解釈や優先性の原則によっては決定することができないため，判例及び学説において問題とされてきている。そこで以下においては，まず初期の学説について確認した上で，この問題について判示したBGH 1992年2月12日判決（BGHZ 117, 200）及びその後の学説の展開を概観する。

---

89) *Fischer*, a.a.O. (Fn. 77), S. 543.; *Nicolai*, a.a.O. (Fn. 77), SS. 220-221.
90) *Staudinger/Wiegand*, a.a.O. (Fn. 9), § 930, Rdnr. 33.; *Fischer*, a.a.O. (Fn. 77), S. 543.; *Nicolai*, a.a.O. (Fn. 77), SS. 220-221.
91) このような法理は，一般に「経由取得（Durchgangserwerb）」と呼ばれている（詳細については第1章第1節の3(1)を参照）。*Bankrechts-Handbuch/Ganter*, a.a.O. (Fn. 3), Rdnr. 144.; *Staudinger/Wiegand*, a.a.O. (Fn. 9), § 930, Rdnr. 33.; *Nicolai*, a.a.O. (Fn. 77), SS. 221-222.
92) 担保権設定者に目的物の所有権が帰属している時間については，前掲注20)を参照。
93) *Münchener/Oechsler*, a.a.O. (Fn. 9), Rdnr. 23.; *PWW-BGB/Riecke*, a.a.O. (Fn. 76), Rdnr. 12.; *Vortmann*, a.a.O. (Fn. 77), S. 628.; *Fischer*, a.a.O. (Fn. 77), S. 544.; *Nicolai*, a.a.O. (Fn. 77), S. 221.

第 2 章　譲渡担保と動産先取特権の競合

## (2) 初期の学説

この問題について，学説において詳細に検討されるようになったのは，1980 年代の後半からであり，それ以前は殆ど議論されてこなかった[94]。

初期の学説は以下の通りである。同時に成立した領域譲渡担保による譲渡担保権と使用賃貸人の質権は，同順位（gleichrangig）である[95]。その根拠として，譲渡担保権の質権との類似性が挙げられる。譲渡担保においては，確かに担保権者に目的物の所有権が完全に移転するが，それは単なる形式に過ぎず，譲渡担保の意味と目的は，占有改定（Besitzkonstitut）による質権設定の禁止など，法律が通常の質権に課す制限を受けないことにある[96]。譲渡担保権は質権と同様の経済的な機能を有する，質権に近い権利であり，その実質は，判例によって許容された非占有約定質権（besitzloses Vertragspfandrecht）というべき単なる担保である[97]。とりわけ，担保権設定者の破産の場合においては，譲渡担保権は約定質権と同様に扱われており，質権者と担保権者には別除権（Absonderungsrecht）が与えられる[98]。このような譲渡担保権の性質から，領域譲渡担保と使用賃貸人の質権の競合に対して，2 つの質権の競合に関する原則を適用することは妨げられない[99]。同時に成立した質権は，それが法定質権であれ，約定質権であれ，同順位である[100]。したがって，同時に成立した譲渡担保権と使用賃貸人の質権も同順位である。その結果，目的物の換価によって得られた売却益（Erlös）が，担保権者と使用賃貸人が有するそれぞれの被担保債権額の合計を下回る

---

94) *Vortmann*, a.a.O. (Fn. 77), S. 626ff.; *Weber/Rauscher*, a.a.O. (Fn. 77), S. 1571ff. Vgl. *Fischer*, a.a.O. (Fn. 77), S. 543.
95) *Vortmann*, a.a.O. (Fn. 77), S. 628.; *Weber/Rauscher*, a.a.O. (Fn. 77), S. 1572.
96) *Vortmann*, a.a.O. (Fn. 77), S. 628.
97) *Vortmann*, a.a.O. (Fn. 77), S. 628.; *Weber/Rauscher*, a.a.O. (Fn. 77), SS. 1572-1573.

場合には,その売却益は両者の被担保債権の割合に従って按分比例される[101]。

(3) 判例――BGH 1992 年 2 月 12 日判決

1) 事実の概要

Xは,1984 年 6 月 7 日に,家具店（Möbelgeschäft）の営業のための店舗を訴外Sに使用賃貸した。その後,SはY銀行に対する貸金債務の担保のため,1985 年 10 月 10 日の譲渡担保契約によって,使用賃貸借の領域である担保領域に現に存在するか,またはその領域に将来運ばれる全ての商品（家具製品,家具部品,工芸品など）を,Yに所有権譲渡した。1987 年の春に,Sは支払い困難に陥ったため,複数の債権者がSに対して強制執行を行った。執行官は,営業領域にあった目的

---

[98] *Vortmann,* a.a.O. (Fn. 77), S. 628.; *Weber/Rauscher,* a.a.O. (Fn. 77), S. 1572. 譲渡担保権の取り扱いに関する明文規定が存在しなかった旧ドイツ破産法（Konkursordnung; KO）の時代の判例から一貫して,設定者の破産・倒産の場合に譲渡担保権は取戻権（Aussonderungsrecht）ではなく別除権（Absonderungsrecht）として取り扱われてきており,1999 年 1 月 1 日から施行されている現行のドイツ倒産法典（Insolvenzordrung; InsO）51 条 1 号は,設定者の倒産手続において,譲渡担保権者は別除権を有するものと規定している（InsO51 条（その他の別除権者）「以下の者は,第 50 条（質権者の別除的満足）に挙げる債権者と同等とする。1. 債務者が請求権の担保のために動産を所有権譲渡したか又は権利を移転した債権者（2 号以下略）。」訳は吉野正三郎『ドイツ倒産法入門』99 頁（成文堂,平成 19 年）を一部参照したが,用語の正確性を期するため一部修正した。）。このような譲渡担保権の取り扱いについて,討議草案（Diskussionsentwurf），参事官草案（Referentenentwurf）及び政府草案（Regierungsentwurf）の理由書は譲渡担保権の質権との経済的な類似性を根拠としている（Vgl. Entwurf einer Insolvenzordnung (InsO), 1992, BT-Drucks. 12/2443, Begründung zu § 58, S. 125.）。この問題に関する詳細は,拙稿「ドイツ法における譲渡担保権の担保的取り扱い――設定者の倒産手続における展開を中心に――」法学研究論集 41 号 165-183 頁（平成 26 年）参照。

[99] *Vortmann,* a.a.O. (Fn. 77), S. 628.

[100] *Vortmann,* a.a.O. (Fn. 77), S. 628.; *Weber/Rauscher,* a.a.O. (Fn. 77), S. 1572.

[101] *Vortmann,* a.a.O. (Fn. 77), S. 628.; *Weber/Rauscher,* a.a.O. (Fn. 77), S. 1572.

物を競売にかけた後に、売却益33,266.33DM（ドイツマルク）を供託した。Xは、競売にかけられた目的物についての使用賃貸人の質権を引き合いに出して、使用賃貸借関係から生じた債権に基づき、23,112.90DMの金額の優先的な弁済を請求した。それに対して、Yは、Xの使用賃貸人の質権がYの譲渡担保権と同時に成立した場合において、売却益は債権の割合に従って按分比例されなければならないと主張した。なお、YのSに対する貸金債権の金額は、200,438.47DMであった。1審及び控訴審は、Yに敗訴判決を下したため、Yが上告した。

2）判旨
BGH 1992年2月12日判決は、以下のように判示して、Yの上告を棄却した[102]。

「正当にも、控訴審は、学説の大部分において主張された見解に従わなかった。それによると、領域譲渡担保契約（Raumsicherungsübereignungsvertrag）の場合には、譲渡担保権と使用賃貸人の質権は、担保契約の締結後に初めて使用賃貸借の領域へ搬入される目的物について、同時に、そして互いに同順位で成立する（中略）。高等裁判所が的確に説明するように、このことは、使用賃貸人の質権の経済的な空洞化（wirtschaftliche Aushöhlung）を導く。なぜなら、使用賃貸借された営業上の領域における商品の変動が早ければ早いほど（中略）、既に譲渡担保の前に搬入された商品在庫はより早く使い尽くされるからである。銀行は好んで領域譲渡担保を信用の担保のために要求し、その額は通常、使用賃貸借関係から生ずる、BGB559条2文に従って担保される使用賃貸人の請求権を著しく上回るであろうから、債権者を同順位と認める場合には、使用賃貸人には相当に少ない配当額（Quote）のみが与えられるであろう。このことは、非占有の法定質権の承認によって使用賃貸人に優先的な担保を得させるという、立

---

[102] BGHZ 117, 200, 207f.

法者の意図と調和していないであろう。」

3）考察

　訴外 S に店舗を使用賃貸した X と，その店舗内の現在及び将来の全ての商品を譲渡担保として S から提供された Y 銀行との間で，競売によって換価された店舗内の商品の売却益に対する優先弁済権が争われた事案である。本件事案において，Y は，初期の学説が主張するように，X の使用賃貸人の質権と Y の譲渡担保権は同時に成立していることから，商品の売却益は債権の割合に従って按分比例されなければならないと主張した。しかしながら，BGH は，このような Y の主張を明確に否定し，領域譲渡担保契約の締結後に担保領域である使用賃貸借の領域へ搬入された目的物についても，締結時に既に領域内に存在した目的物と同様に，使用賃貸人の質権が優先すると判示した。その理由として，使用賃貸人が有する債権額は担保権者が有する債権額よりも通常は少額であり，譲渡担保権と使用賃貸人の質権を同順位であるとすると，使用賃貸人には相当に少ない配当額しか与えられず，使用賃貸人に優先権を与えるという立法者の意図に合致しないということを挙げる。このような BGH の見解を前提とすると，領域譲渡担保の場合には，目的物の搬入の時期にかかわらず，使用賃貸人の質権が常に優先し，担保権者は使用賃貸人の質権の負担が付いた譲渡担保権を取得するにとどまる。

　その後 BGH は，1992 年 5 月 12 日判決（BGHZ 118, 201）においてもこの見解を前提として，店舗の使用賃貸人が自身の質権に基づいて，店舗内の目的物を差し押さえて換価する際に，その店舗が第三者の担保領域となっていたとしても，使用賃貸人はその第三者である担保権者に対して所有権侵害の不法行為責任を負わないとした。このことから，領域譲渡担保と使用賃貸人の質権の競合において，目的物の搬入の時期にかかわらず使用賃貸人の質権を優先するという BGH の立場は，確定しているということができる。

第 2 章　譲渡担保と動産先取特権の競合

(4)学説の評価

このような BGH の見解に対して，学説の評価は一致していない[103]。

BGH の見解を支持する Nicolai は，以下のように主張する。領域譲渡担保における将来搬入される動産の譲渡担保と使用賃貸人の質権の競合については，BGB562 条（旧 559 条）を類推適用することにより，使用賃貸人の質権を優先させるべきである。その理由は次の 2 つである。まず第一に，このような競合の解決策は，現行法から直接的には導き出されず，規定の欠缺（Regelungslücke）が存在する。将来搬入される動産の譲渡担保の手段である先取りされた譲渡担保が承認されたのは，BGB の施行から相当な時間が経過した後であるから，立法者がこのような問題を想定して規定を設けることはできなかった。そして第二に，既に領域譲渡担保の成立時点において領域に搬入されていた物についての利益状況と，将来そこに搬入されるべき物についての利益状況は同一である。領域譲渡担保の場合において，担保権者は，既に存在する物も将来搬入される物も，担保権設定者についての信用の基礎（Kreditunterlage）として同じように利用する。このような利益状況の同一性を踏まえると，担保権者が，既に存在する物の場合と比較して，将来搬入される物の場合により良い地位に置かれるべき合理的な理由を理解することはできない。以上の理由から，使用賃貸人の質権の優先を承認した BGH の見解は，その結論において賛同することができる[104]。

他方，BGH の見解を批判して従来の学説を支持する Fischer は，以下のように主張する。BGH は，使用賃貸人に優先的な担保を得させるという立法者の意図を重視するが，このような優先は一般債権者の負担の下で与えられるべきであり，他の物権的な諸権利（andere dingliche

---

103) BGH の見解を支持するものとして，*Münchener/Artz*, a.a.O. (Fn. 76), Rdnr. 18.; *Nicolai*, a.a.O. (Fn. 77), SS. 222-223. 他方，反対するものとして，*Fischer*, a.a. O. (Fn. 77), SS. 544-545.; *Gnamm*, a.a.O. (Fn. 82), SS. 2807-2808.

104) *Nicolai*, a.a.O. (Fn. 77), SS. 222-223.

Rechte）を無視して与えられるべきではない。また，BGH は使用賃貸人の質権を優先する論拠として，「経済的な空洞化（wirtschaftliche Aushöhlung）」を挙げる。しかしながら，使用賃貸借の領域にどのような物を搬入するか，すなわち，自らの物を搬入するか，それとも他人の物を搬入するか，使用賃貸人に優先権のある物を搬入するか，それとも優先権のない物を搬入するかは，契約によって合意されるのではなく，使用賃借人に完全に委ねられている。使用賃借人は，搬入された物を使用賃貸人に対して優先的に割り当てる義務を負わない。したがって，空洞化は使用賃貸人のリスクとして本来的に存在するものであり，これを論拠として使用賃貸人の質権を優先させる見解には説得力がない。むしろ，譲渡担保権と使用賃貸人の質権が同時に成立する場合には，同順位とすべきである。確かに，譲渡担保は所有権譲渡の法形式をとるが，機能的には質権に相当する。このことは，破産において，譲渡担保権者は通常の所有者のように取戻権（Aussonderungsrecht）を有するのではなく，質権者と同様に別除権のみを有することからも理解される。同時に成立した質権は同順位であり，質物の換価から生ずる売却益は，被担保債権の割合に従って，同順位の質権者に按分比例される。同じことが，譲渡担保権と質権が同時に成立する場合にも当てはまらなければならない[105]。

## 5．本節の小括

ドイツにおいては，先取特権という種類の担保物権は存在しないが，特定の債権者に優先弁済権を与えるための法定担保物権として法定質権が存在する。譲渡担保と法定質権の競合のうち，譲渡担保と使用賃貸人の質権の競合が従来から議論されてきた。

この問題については，①目的物が使用賃貸借の領域に搬入される前に

---

[105] *Fischer*, a.a.O.（Fn. 77）, SS. 544-545.

譲渡担保権が設定された場合，②目的物が使用賃貸借の領域に搬入された後で譲渡担保権が設定された場合，③領域譲渡担保の場合の3つに類型化されている。①の場合には，使用賃貸人は目的物について質権を取得せず，担保権者は負担のない譲渡担保権を取得する。②の場合には，担保権者は使用賃貸人の質権の負担が付いた譲渡担保権を取得する。これらの2つの類型については特に法的な問題は存在しないのに対して，③の場合には特殊な問題が存在する。領域譲渡担保の成立時点において担保領域に現に存在する目的物については，②の場合と同様に考えればよいが，将来搬入される目的物の場合には，担保領域として指定された使用賃貸借の領域に目的物が搬入された時点において，目的物についての譲渡担保権と使用賃貸人の質権が同時に成立するため，同時に成立した2つの権利の優劣決定が問題となる。初期の学説は，譲渡担保権と質権の類似性に着目して，同時に成立した譲渡担保権と使用賃貸人の質権は，同順位であるとした。しかしながら，BGH 1992年2月12日判決はこのような見解を明確に否定し，領域譲渡担保契約の締結後に担保領域である使用賃貸借の領域へ搬入された目的物についても，締結時に既に領域内に存在した目的物と同様に，使用賃貸人の質権が優先すると判示した。このようなBGHの見解に対して，学説の評価は一致していない。BGHの結論を支持する見解が存在する一方で，従来の学説と同様に，同時に成立した譲渡担保権と使用賃貸人の質権は同順位であるとする見解も，依然として有力に主張されている。

## 第2節　日本の法状況

### 1．序説

本節においては，日本における，譲渡担保と動産先取特権の競合に関する判例及び学説の展開について検討する。民法典には8種類の動産先

取特権が規定されているが，これらのうち，目的物に設定された譲渡担保権との関係について，判例及び学説において従来から特に問題とされてきたのは，動産売買先取特権（民法 311 条 5 号，321 条）である。譲渡担保と動産売買先取特権の競合は，動産売買先取特権の目的物が第三者に譲渡担保として提供された場合に発生する。そこで本節においては，譲渡担保と動産先取特権の競合のうち，譲渡担保と動産売買先取特権の競合に限定して検討を行うこととする。

以下においては，この問題について判示した唯一の最高裁判決である最判昭和 62 年 11 月 10 日民集 41 巻 8 号 1559 頁（以下「最高裁昭和 62 年判決」という。）を分析した上で[106]，学説の展開を整理する。

## 2．最高裁昭和 62 年判決
### (1) 事実の概要

X 会社は昭和 50 年 2 月 1 日，訴外 A 会社との間で根譲渡担保権設定契約を締結した。本件根譲渡担保権設定契約において，A は X に対して負担する現在及び将来の一切の債務を極度額 20 億円の限度で担保するため，保管場所内に存在する普通棒鋼，異形棒鋼等一切の在庫商品の所有権を X に移転し，占有改定の方法によって X にその引渡しを完了したものとすること，A が将来右物件と同種または類似の物件を製造または取得したときには，原則としてその全てを前記保管場所に搬入するものとし，これらの物件も当然に譲渡担保の目的となることを A は予め承諾することが合意された。その後，X は A に対して，普通棒鋼，

---

[106] 下級審裁判例としては，本判決の 1 審（福岡地判昭和 56 年 12 月 25 日民集 41 巻 8 号 1571 頁）及び 2 審（福岡高判昭和 57 年 9 月 30 日民集 41 巻 8 号 1580 頁）のほか，福岡地判昭和 57 年 10 月 8 日判時 1079 号 77 頁があるが，判旨はほぼ同じである。櫻本正樹「集合動産譲渡担保と先取特権との関係についての再検討――先取特権との優劣関係について――」日本法政学会法政論叢 33 号 141-142 頁（平成 9 年）参照。なお，本件は集合動産譲渡担保の事案であるが，本書においては，集合物に関する議論には立ち入らない。

異形棒鋼等を継続して売り渡し，昭和54年11月30日現在で30億1,787万311円の売掛代金債権を取得した。また，AはY会社から異形棒鋼を代金585万4,590円で買い受け，これを前記保管場所に搬入した。しかしながら，AはYに対してその代金を支払わなかったため，Yは本件物件につき動産売買先取特権を有すると主張して，昭和54年12月に本件物件の競売を申し立てた。これに対して，Xは本件根譲渡担保権設定契約に基づき本件物件の所有権を取得したと主張して，第三者異議の訴えを提起した。

1審（福岡地判昭和56年12月25日民集41巻8号1571頁）及び2審（福岡高判昭和57年9月30日民集41巻8号1580頁）ともにXの請求を認容し，原審は「Xは，本件集合物譲渡担保の設定に基づいて，その構成部分たる本件物件に譲渡担保権を取得するとともに占有改定による引渡を受けてその対抗力を備えたものということができるのであるから，公示なき動産先取特権の追及力を制限し，動産取引の安全を図ることを定めた民法333条により，Yはもはや本件物件について動産売買の先取特権を行使することはできず，右の権利は，ここに消滅したものというべきである」と判示した。これに対して，Yが上告した。

(2)判旨

最高裁昭和62年判決は以下のように判示して，Yの上告を棄却した。

「債権者と債務者との間に，右のような集合物を目的とする譲渡担保権設定契約が締結され，債務者がその構成部分である動産の占有を取得したときは債権者が占有改定の方法によってその占有権を取得する旨の合意に基づき，債務者が右集合物の構成部分として現に存在する動産の占有を取得した場合には，債権者は，当該集合物を目的とする譲渡担保権につき対抗要件を具備するに至ったものということができ，この対抗要件具備の効力は，

その後構成部分が変動したとしても，集合物としての同一性が損なわれない限り，新たにその構成部分となった動産を包含する集合物について及ぶものと解すべきである。したがって，動産売買の先取特権の存在する動産が右譲渡担保権の目的である集合物の構成部分となった場合においては，債権者は，右動産についても引渡を受けたものとして譲渡担保権を主張することができ，当該先取特権者が右先取特権に基づいて動産競売の申立をしたときは，特段の事情のない限り，民法333条所定の第三取得者に該当するものとして，訴えをもって，右動産競売の不許を求めることができるものというべきである。」

(3) 考察

Yが動産売買先取特権に基づいて目的物について競売の申立てを行ったことに対して，譲渡担保権者であるXが，目的物について所有権を取得したと主張して，第三者異議の訴えを提起した事案である。最高裁は，1審及び2審と同様に，譲渡担保権者であるXは，目的物について引渡しを受けた民法333条所定の第三取得者であると判示して，Xの第三者異議の訴えを認容した。本判決は，所有権移転という譲渡担保の法形式を重視したものであり，本判決を前提とすると，動産売買先取特権の目的物が第三者に譲渡担保として提供された場合には，目的物の売主が有する動産売買先取特権は消滅し，売主は目的物に対して先取特権を主張することができなくなるため，譲渡担保と動産売買先取特権の競合は発生せず，譲渡担保権者のみが目的物から優先的な弁済を受けることができる[107]。

---

107) 田中壯太「判解」最高裁判所判例解説・民事篇昭和62年度689頁（平成2年）参照。なお，本件の2審判決においては，「Xの譲渡担保権とYの動産売買の先取特権とが競合することとはならない」ということが，明確に判示されている（民集41巻8号1585頁）。

## 3. 学説

既に検討した通り，最高裁昭和62年判決は，動産売買先取特権の目的物が第三者に譲渡担保として提供された場合について，譲渡担保権者は民法333条所定の第三取得者であり，動産売買先取特権は消滅するとして，譲渡担保権を動産売買先取特権に優先させた。この問題に関しては，学説において多様な見解が主張されている。以下においては，主要な学説を検討する。

①民法333条適用説

最高裁昭和62年判決と同様に，動産売買先取特権の目的物が第三者に譲渡担保として提供された場合には，民法333条を適用する見解である。この見解による場合には，動産売買先取特権は消滅するため，譲渡担保と動産売買先取特権は競合しない。この見解は，譲渡担保の法的構成について所有権的構成を採用する立場に親和的であるように見えるが，学説においては，所有権移転という譲渡担保の法形式を前面に出したものは見られず，むしろ譲渡担保権者と動産売買先取特権者の利益衡量の結果として，民法333条を適用することが主張されている[108]。

なお，民法333条適用説を採用する論者においても，前記裁判例とは異なり，動産売買先取特権者に対して一定の保護を与えることが試みられている。まず，民法333条を適用する結果として，目的物に対する動産売買先取特権は消滅するが，譲渡担保権の実行により発生する清算金に対して，動産売買先取特権者は物上代位が可能であるとする見解が存

---

[108] 田中・前掲注107）684-686頁，古積健三郎「『流動動産譲渡担保』と他の担保権の関係(1)」彦根論叢287・288号385頁（平成6年），堀竹学「流動動産譲渡担保と動産売買先取特権の優劣」総合政策論叢19号26頁（平成22年）。例えば，中祖博司「集合物譲渡担保と動産売買先取特権の競合」NBL307号11-12頁（昭和59年）は，経済社会の活性化に対する譲渡担保の寄与は計り知れない一方で，動産売買先取特権は所有権留保をすることもなく，既に売り切ってしまった物に対する権利に過ぎないと主張する。

在する[109]。また，民法333条の適用が妥当であるとしつつも，無条件に譲渡担保権を優先させるのではなく，民法319条を類推適用することにより譲渡担保権設定について善意無過失の動産売買先取特権者を保護すべきであるとする見解や[110]，譲渡担保権者が動産売買先取特権の存在について悪意であった場合には，動産売買先取特権の方を優先すべきであるとする見解も主張されている[111]。その他，実行手続時を基準として，動産売買先取特権の実行手続時までに譲渡担保権者が担保権の実行手続を行った場合には，民法333条の引渡しがあったことになり譲渡担保権が先取特権に優先すると考える見解[112]，明認方法による譲渡担保権の公示の有無を基準として，明認方法を備えている場合には，譲渡担保権者は民法333条の第三取得者に準じた状態となるため譲渡担保権が優先するが，明認方法を欠いている場合には，譲渡担保権者は先取特権者に対して譲渡担保権を対抗することができず，動産売買先取特権者が優先すると考える見解も存在する[113]。

さらに，債権担保という譲渡担保の目的から，以上のような民法333条（直接）適用説を否定しつつも，民法333条を類推適用して，譲渡担保権を動産売買先取特権に優先させるべきであるとする見解も存在する。この見解は，民法333条（直接）適用説のように動産売買先取特権

---

109) 中祖・前掲注108) 12頁。
110) 堀竹・前掲注108) 35-36頁，野沢純平「動産売買先取特権の効用と問題点[Ⅳ]」NBL180号34-35頁（昭和54年），山田秀雄「集合動産譲渡担保と動産売買先取特権の優劣」NBL397号17頁（昭和63年）。
111) 三上威彦「判批」法学研究62巻2号115-116頁（平成元年）。この見解は，民法319条の類推適用には否定的である（115頁）。
112) 林錫璋「動産売買先取特権と集合動産譲渡担保権の競合」桃山学院大学社会学論集21巻2号48，54頁（昭和63年）。譲渡担保権が優先する場合には，動産売買先取特権者は清算金に対する物上代位権の行使が可能であると主張する（48頁）。
113) 半田吉信「判批・福岡高判昭和57年9月30日」法時56巻1号114-116頁（昭和59年）（本件の2審判決）。

を消滅させるのではなく，譲渡担保権者が登場した場合にも，譲渡担保権に劣後する権利として動産売買先取特権を存続させるという点が特徴的である[114]。

②民法 334 条類推適用説

先取特権と動産質権との競合に関する民法 334 条を類推適用して，譲渡担保権は民法 330 条 1 項の第一順位の先取特権と同一順位の効力を有すると主張する見解である。その根拠として，民法 334 条の趣旨は，約定担保物権である動産質権に当事者の意思の推測に基づく（いわば約定担保物権類似の）先取特権と同じ地位を認めるものであること[115]，譲渡担保の担保的性質を重視し，譲渡担保権は動産の約定担保物権という点において動産質権と同一であること[116]，さらに民法 330 条 1 項において動産売買先取特権は第三順位と劣後的地位に置かれていることから，実質的価値判断として譲渡担保権を優先させるのが妥当であること[117]，が挙げられている。この見解によると，譲渡担保権は民法 330 条 1 項の第一順位の先取特権と同様に取り扱われるため，第三順位である動産売買先取特権に優先するが，民法 333 条適用説とは異なり動産売買先取特権は消滅せず，譲渡担保権に劣後する担保権として存続す

---

114) 古積健三郎「『流動動産譲渡担保』と他の担保権の関係（2・完）」彦根論叢 289 号 117-120 頁（平成 6 年）。

115) 角紀代恵「判批」法協 107 巻 1 号 147-148 頁（平成 2 年），田髙寛貴「判批」名古屋大学法政論集 140 号 509-510 頁（平成 4 年）。民法 334 条の趣旨について，我妻・前掲注 50）92 頁参照。

116) 田原睦夫「動産の先取特権の効力に関する一試論」奥田昌道編『林良平先生還暦記念論文集——現代私法学の課題と展望（上）』95 頁（昭和 56 年，有斐閣），近江幸治「動産売買先取特権をめぐる新たな問題点」半田正夫編『現代判例民法学の課題——森泉章教授還暦記念論集』385 頁（昭和 63 年，法学書院），伊野琢彦「集合動産譲渡担保と動産売買先取特権の優劣関係」山梨学院大学法学論集 16 号 33-34 頁（平成元年）。

117) 角・前掲注 115）146 頁，近江・前掲注 116）385 頁。

る[118]。

　以上の通り，民法334条類推適用説による場合にも，譲渡担保権は動産売買先取特権に優先することとなるが，多くの論者は民法334条を類推する結果として民法330条2項の類推適用も肯定し，動産売買先取特権が優先する余地を認める[119]。すなわち，譲渡担保権設定の時点において，動産売買先取特権の存在について悪意の譲渡担保権者は，動産売買先取特権者に対して優先権を行使することができないこととなる。もっとも，どのような場合において譲渡担保権者が動産売買先取特権の存在について悪意とされるかについては，学説上の理解は定まっていない[120]。また，民法319条の類推適用により，動産売買先取特権者が譲渡担保権の存在について善意無過失の場合には，動産売買先取特権を優先させる見解も存在する[121]。

③成立時説

　譲渡担保権も動産売買先取特権も公示のない担保物権であるという理由から，両方の権利の成立の前後によって優劣を決定する見解である。動産売買先取特権の成立時は，売買契約によって目的物の所有権が買主

---

118) 立法による解決が望まれるとした上で，この見解に同調するものとして，福地俊雄「流動動産譲渡担保の基本的性格および効力」民商110巻6号966-967頁（平成6年）。また，伊藤進「集合動産譲渡担保と個別動産上の担保権との関係」法律論叢61巻1号94-95頁（昭和63年）は，譲渡担保権実行後の優劣について，民法334条類推適用説を否定しつつ，動産抵当の理論を用いて同様の結論を導き出している。

119) 角・前掲注115) 148頁，田髙・前掲注115) 510頁，田原・前掲注116) 95頁，近江・前掲注116) 385頁，伊野・前掲注116) 34頁。

120) 田中・前掲注107) 707-708頁，田髙・前掲注115) 514頁。なお，角・前掲注115) 148頁は，「譲渡担保権者が，当該動産が集合物の内容をなすことを知った時点において，それが動産先取特権の拘束を受けていることを現実に知っている場合に限り，330条2項の適用がある」としている。

121) 千葉恵美子「集合動産譲渡担保の効力(3)——設定者側の第三者との関係を中心にして——」判タ763号19頁（平成3年）。

に移転したときであるため，この見解による場合，通常は動産売買先取特権が譲渡担保権に優先することとなる[122]。

④先取特権優先説

譲渡担保と動産売買先取特権が競合する場合には，無条件に動産売買先取特権を優先させる見解である[123]。

## 4. 本節の小括

本節においては，譲渡担保と動産先取特権の競合について，従来から日本の判例及び学説において問題とされてきた譲渡担保と動産売買先取特権の競合を中心に検討を行った。

最高裁昭和62年判決は，譲渡担保権者は民法333条所定の第三取得者であると判示した。これによると，目的物の売主が有する動産売買先取特権は消滅するため，譲渡担保と動産売買先取特権の競合は発生せず，譲渡担保権者のみが目的物からの優先弁済を主張することができる。他方，学説においては，多様な見解が主張されている。前記裁判例と同様に，民法333条の適用によって解決する見解（民法333条適用説）も有力であるが，これに対する批判も強い。反対説としては，先取

---

[122] 高木多喜男「流動集合動産譲渡担保の有効性と対抗要件」金法1186号18頁（昭和63年），堀龍兒「動産売買先取特権の存在する動産が譲渡担保権の目的たる集合物の構成部分となった場合の法律関係」ジュリ912号105頁（昭和63年）。

[123] 石田喜久夫「判批」判例評論357号31頁（昭和63年）は，「約定担保を取れない債権者に対する配慮に基づき，またことがらの性質から当然に，法定担保物権が認められたのであるから，疑義の存するときは，法定担保物権を優先させることこそ，本道ではないかと思う。」とする。なお，柳沢秀吉「動産先取特権と集合動産の譲渡担保との競合」名城法学38巻1号115頁（昭和63年），今尾真「流動動産譲渡担保権と動産売買先取特権との優劣に関する一試論（三）・完」明治学院論叢629号302-304頁（平成11年）は，集合動産譲渡担保の場合において，この見解を採用している。

特権と動産質権との競合に関する民法 334 条を類推適用する見解（民法 334 条類推適用説）が有力であり，その他，両方の権利の成立の前後によって優劣を決定する見解（成立時説）や，無条件に動産売買先取特権を優先させる見解（先取特権優先説）が主張されている。

まとめ

　本章においては，譲渡担保と動産先取特権の競合について，ドイツと日本の法状況をそれぞれ検討してきた。

　ドイツにおいては，先取特権という種類の担保物権は存在しないが，同様の機能を有する法定担保物権として法定質権が存在する。譲渡担保と法定質権の競合のうち，譲渡担保と使用賃貸人の質権の競合が従来から議論されてきた。原則として，譲渡担保と使用賃貸人の質権の優劣は，使用賃貸借の領域への目的物の搬入時期によって決定され，搬入前に譲渡担保権が設定された場合には譲渡担保が，搬入後に譲渡担保権が設定された場合には使用賃貸人の質権が優先される。しかしながら，第 1 章において検討した複数の譲渡担保の競合と同様に，領域譲渡担保の場合には，特殊な取り扱いがされている。この問題について，初期の学説及び現在の有力説は，譲渡担保権と使用賃貸人の質権を同順位であるとしているが，この問題について最初に判示した BGH 1992 年 2 月 12 日判決は，領域譲渡担保契約の締結後に担保領域である使用賃貸借の領域へ搬入された目的物についても，締結時に既に領域内に存在した目的物と同様に，使用賃貸人の質権が優先すると判示した。

　他方，日本において，譲渡担保と動産先取特権の競合は，従来から譲渡担保と動産売買先取特権の競合を中心に議論されてきた。この問題について最初に判示した最高裁昭和 62 年判決は，譲渡担保権者は民法 333 条所定の第三取得者であると判示した。これによると，目的物の売

主が有する動産売買先取特権は消滅するため，譲渡担保と動産売買先取特権の競合は発生せず，譲渡担保権者のみが目的物からの優先弁済を主張することができる。他方，学説においては，前記裁判例と同様に民法333条の適用によって解決する見解（民法333条適用説），先取特権と動産質権との競合に関する民法334条を類推適用する見解（民法334条類推適用説），両方の権利の成立の前後によって優劣を決定する見解（成立時説），無条件に動産売買先取特権を優先させる見解（先取特権優先説）など，多様な見解が主張されている。

　以上の検討から，日本においては，譲渡担保との関係で法定担保物権である動産先取特権が優先する余地がないのに対して，ドイツにおいては，一定の範囲で法定担保物権である法定質権が譲渡担保に優先する余地が認められていることが分かる。もっとも，両者の比較においては，先取特権と法定質権の違い，動産売買と使用賃貸借という競合が問題となる場面の違いが存在することを考慮する必要があると思われる。

# 第 3 章

# 所有権留保と譲渡担保の競合

# 序　論

　本章においては，所有権留保と譲渡担保の競合について検討する。所有権留保と譲渡担保の競合は，留保売主から留保目的物を引き渡された留保買主が，代金完済前に留保目的物を第三者に対して譲渡担保として提供した場合に発生するが，この問題を検討するに当たっては，以下の2点に注意する必要があると思われる。

　動産の売主には法定担保物権として動産売買先取特権（民法311条5号，321条）が認められているが，既に第2章で検討したように，目的物が第三者に譲渡担保として提供されて譲渡担保と動産売買先取特権の競合が発生した場合には，最高裁昭和62年判決のように民法333条適用説によるにせよ，有力説のように民法334条類推適用説によるにせよ，動産の売主は譲渡担保権者に対して自己の優先を主張することができない。また，動産売買先取特権には，その実行が困難であることなど，様々な問題があり，売主が有する売買代金債権の担保としては不十分であるため，売主が売買代金債権を確実に回収する手段として，現在の取引社会においては所有権留保が多用されている[124]。したがって，目的物である動産の売主と，買主の譲渡担保権者との間の優劣が問題となる点において，所有権留保と譲渡担保の競合は，既に第2章で中心的に検討した譲渡担保と動産売買先取特権の競合と共通しているが，その法的状況は大きく異なることに注意が必要である[125]。

---

124) 道垣内・前掲注59) 365-367頁。
125) 林良平・田原睦夫・岡部崇明・安永正昭編『注解 判例民法 物権法』717頁〔小山泰史〕（青林書院，平成11年）は，「法定担保権である動産売買先取特権が流動集合動産譲渡担保に劣後する以上，売買契約書に常に所有権留保条項を挿入することが，売買代金債権保全の唯一確実な方法と考えられる」としており，最高裁昭和62年判決との関係で，所有権留保が動産の売主にとって有用であることを指摘する。

また，所有権留保と譲渡担保の競合は，非典型担保間の競合という点において，第 1 章で検討した複数の譲渡担保の競合と共通している。しかしながら，譲渡担保の場合には，設定者と譲渡担保権者との間に物権変動が存在するのに対して，所有権留保の場合には，売買代金の完済まで留保買主と留保売主との間に物権変動が存在しないとするのが通説的見解である[126]。このような物権変動の有無が，複数の譲渡担保の競合との大きな相違点であり，この点をどのように考えるかが問題となる。

　以上の留意点を踏まえつつ，本章においては，所有権留保と譲渡担保の競合について検討を行う。所有権留保と譲渡担保の競合について判示した裁判例には，最判昭和 58 年 3 月 18 日金判 684 号 3 頁など複数存在するが，この問題について詳細に検討した日本の文献は少なく[127]，これまでに検討した複数の譲渡担保の競合や譲渡担保と動産先取特権の競合と比較して，活発な議論が行われているとは言い難い状況である。そこで，所有権留保に関する研究が日本と比較して進んでいるドイツ法の検討を行うことを通して，この問題についての示唆を得ることを試みる。

　そこで以下においては，まずドイツの法状況を概観した上で（第 1 節），次に日本における所有権留保と譲渡担保の競合に関する判例及び学説の状況について検討を行う（第 2 節）。

---

[126] 道垣内・前掲注 59) 368 頁，柚木馨・高木多喜男編『新版 注釈民法(9)　物権(4)〔改訂版〕』745 頁〔安永正昭〕（有斐閣，平成 27 年）は，このことを根拠として，売主の対抗要件具備の必要性を否定する。ただし，高木・前掲注 48) 381 頁は，「留保所有権の設定という物権変動が存すると解すると，公示方法が必要となるが，譲渡担保と同じく，買主から売主への，占有改定が存するとみればよい」とする。

[127] 所有権留保と譲渡担保の競合について検討した日本の文献が少ないことを指摘をするものとして，半田吉信「所有権留保と譲渡担保の競合関係」千葉大学法学論集 1 巻 1 号 80 頁（昭和 61 年），古積・前掲注 114) 120 頁，田髙・前掲注 11) 297 頁，田村耕一『所有権留保の法理』329 頁（信山社，平成 24 年）。

第3章　所有権留保と譲渡担保の競合

## 第1節　ドイツの法状況

### 1. 序説

　日本の民法典には，所有権留保に関する明文規定は存在しないのに対して，ドイツ民法典（BGB）には，所有権留保に関する明文規定が存在する（BGB449条[128]，旧455条[129]）。この条文の解釈論として，ドイツにおいては従来から所有権留保の法的構成が判例及び学説において問題とされてきた[130]。ドイツの判例及び多数説によると，留保売主は所有権留保の法形式に従って，売買代金の完済までの間，留保目的物の所有権を有する一方で，留保買主も完全な無権限者（Nichtberechtigter）とされるのではなく，留保目的物の所有権取得に対する期待権（Anwartschaftsrecht）を有するものとされ，一定の物権的な保護が与えられている[131]。また，期待権が留保買主の固有の財産権であることを前提として，留保買主には期待権を第三者に対して譲渡することが認められている結果，留保買主は売買代金の完済前であっても，期待権を第三者に売却したり，または譲渡担保として提供したりすることによっ

---

[128] BGB449条（所有権留保）「(1)動産の売主が売買代金の完全な支払いまで所有権を留保した場合において，疑わしいときには，所有権は売買代金の完全な支払いを停止条件として譲渡されることが推測される（所有権留保）。(2)所有権留保を理由として，売主は，契約を解消されるときにのみ，その物を返還請求することができる。(3)所有権留保の合意は，買主が第三者，とくに売主と結びついた事業者の債権を履行することにかかわらせられるかぎりで，無効である。」訳はライポルト（円谷訳）・前掲注4）576頁を参照した。

[129] BGB旧455条「動産の売主が売買代金の支払を受けるまで所有権を留保した場合，疑わしいときは，所有権は，売買代金の完済を停止条件として移転するものとし，かつ，売主は，買主が支払を遅滞したときは契約を解除することができるものとする。」訳は右近編・前掲注69）30頁〔田中克志〕を参照した。

[130] ドイツにおける所有権留保の歴史的展開については，石口修『所有権留保の現代的課題』2-177頁（成文堂，平成18年），田村・前掲注127）11-135頁が詳しい。

て，期待権が有する財産的価値を利用することができる[132]。そして，ドイツ法において，留保買主が期待権を譲渡担保として提供することは，その法的構成は大きく異なるものの，留保買主が売買代金の完済前に留保目的物を担保として用いるという点においては，日本で問題とされている所有権留保と譲渡担保の競合と共通している。換言すれば，日本における所有権留保と譲渡担保の競合は，ドイツにおいては，留保買

---

131) 拙稿・前掲注2)「所有権留保の法的性質に関する一考察（二・完)」260頁参照。また，留保買主の期待権に関する判例法理は，法実務（Rechtspraxis）による法形成（Rechtsfortbildung）の一例であるとされている。*Dieter Leipold*, BGB I: Einführung und Allgemeiner Teil, 7. neubearbeitete Aufl. 2013, § 4, Rdnr. 9-10, § 29, Rdnr. 20. ライポルト（円谷訳)・前掲注4) 37頁, 437-438頁も参照。なお，ドイツにおいても，日本における担保的構成のように，目的物の所有権は直ちに買主に移転し，留保売主は所有権ではなく非占有質権（besitzloses Pfandrecht）を有すると考える見解も有力に主張されている（Vgl. *Arwed Blomeyer*, Die Rechtsstellung des Vorbehaltskäufers, AcP162 (1963), S.193ff.)。このような見解の詳細については，拙稿・前掲注2)「所有権留保の法的性質に関する一考察（二・完)」257-260頁参照。

132) *J. von Staudingers Kommentar zum Bürgerlichen Gesetzbuch mit Einführungsgesetz und Nebengesetzen*, Buch 2, §§ 433-480, Neubearbeitung 2014, § 449 [Roland Michael Beckmann] (zit., *Staudinger/Beckmann*), Rdnr. 83-84.; *Münchener Kommentar zum Bürgerlichen Gesetzbuch*, Bd. 3, Schuldrecht Besonderer Teil, §§ 433-610, 6. Aufl. 2012, § 449 [Harm Peter Westermann] (zit., *Münchener/Westermann*), Rdnr. 52.; *Erman*, Bürgerliches Gesetzbuch, Bd. 2, 13., neu bearbeitete Aufl. 2011, § 929 [Lutz Michalski] (zit., *Erman/Michalski*), Rdnr. 19.; *NK-BGB/Meller-Hannich/Schilken*, a.a.O. (Fn. 9), Rdnr. 15, 83.; *Prütting/Wegen/Weinreich BGB Kommentar*, 7., neu bearbeitete und erweiterte Aufl. 2012, § 449 [Detlef Schmidt] (zit., *PWW/Schmidt*), Rdnr. 15.; *Palandt Bürgerliches Gesetzbuch*, 72. neubearbeitete Aufl. 2013, § 929 [Peter Bassenge] (zit., *Palandt/Bassenge*), Rdnr. 45.; *Dietrich Reinicke/Klaus Tiedtke*, Kaufrecht, 8., vollständig überarbeitete Aufl. 2009 (zit., *Reinicke/Tiedtke*), Rdnr. 1319.; *Rolf Serick*, Eigentumsvorbehalt und Sicherungsübertragung, Bd. I, 1963 (zit., *Serick*, EuS I), S. 256.; *Fritz Baur/Rolf Stürner*, Sachenrecht, 18., neu bearbeitete Aufl. 2009 (zit., *Baur/Stürner*), § 59, Rdnr. 34.; *Hansjörg Weber/Jörg-Andreas Weber*, Kreditsicherungsrecht, 9. Aufl 2012 (zit., *Weber/Weber*), SS. 160-161.; *Leipold*, a.a.O. (Fn. 131), § 29, Rdnr. 20.

主による期待権の譲渡担保の問題として議論されているということができる。それ故に，ドイツ法における留保買主の期待権の譲渡を巡る諸問題を検討することは，日本における所有権留保と譲渡担保の競合を考察する上でも有益であると考えられる。そこで，本節においては，ドイツにおける主要な裁判例の分析を中心に，留保買主の期待権の譲渡に関する検討を行う[133]。

検討の順序として，まず第一に期待権の譲渡可能性が争われた裁判例の展開を概観した上で，次に期待権の譲渡を禁止する旨の特約（譲渡禁止特約）が留保売主と留保買主との間で合意されていた場合における期待権譲渡の効力に関する問題，そして期待権の譲渡後における期待権の取得者の保護に関する問題をそれぞれ確認する。

## 2. 期待権の譲渡可能性

### (1) 問題の所在

既に述べたように，現在のドイツ法においては，留保買主は売買代金の完済前に，留保目的物の所有権取得に対する期待権を第三者に譲渡す

---

[133] ドイツ法における期待権の譲渡に関する主な日本の先行研究として，神崎克郎「所有権留保売買とその展開」神戸法学雑誌14巻3号495-503頁（昭和39年），船越隆司「期待権論——所有権留保の場合を主眼に——」法学新報72巻4号31-38頁（昭和40年），山崎寛「所有権留保売買買主の所有期待権の譲渡について(1)——留保買主の期待権(1)——」法と政治17巻4号495-524頁（昭和41年），坂口光男「所有権留保買主の期待権の譲渡担保——ドイツの学説・判例の法理を中心に——」明治大学大学院紀要5号219-231頁（昭和42年），山崎寛「所有権留保売買——留保買主の期待権の譲渡——（BGHZ 20, 88）」ドイツ判例百選92-95頁（昭和44年），新田宗吉「所有権留保売買における法律関係(1)」上智法学論集20巻1号113-118頁（昭和51年），田中整爾「所有権留保売買をめぐる占有関係——主としてドイツ法を中心として——」民商法雑誌78巻臨時増刊号(1)250-259頁（昭和53年），小林資郎「所有権留保売買における買主の物権的期待権（2・完）」北海学園大学法学研究30巻2号248-249頁（平成6年），田髙・前掲注11) 295-299頁，田村・前掲注127) 109-135頁，池田・前掲注3) 290-291頁が存在する。

ることが認められている。しかしながら，BGB の制定直後から期待権という概念が存在していたわけではなく，また，留保買主の法的地位として期待権が認められた後も，留保買主は期待権を第三者に対して自由に譲渡することができるか否かが争点となっていた。

そこで，以下においては，このような点が問題となった，ライヒ裁判所（Reichsgericht; RG）及び連邦通常裁判所（Bundesgerichtshof; BGH）の主要な裁判例を順に検討する。

(2) ライヒ裁判所の裁判例
1) RG 1919 年 3 月 4 日判決（RGZ 95, 105）
① 事実の概要

坑内掘削業者 W は，1912 年に O&K 株式会社から蒸気浚渫機（Dampfbagger）を所有権留保特約付きで購入し，その引渡しを受けた。1912 年 12 月 13 日に，W は本件機械を W 所有であると称して Y に売却したが，引渡しは行われず，本件機械は W に使用賃貸された。1913 年 10 月 13 日に，W と X との間で締結された契約において，X は本件機械に関する W の残りの売買代金債務 3,711 マルク（金マルク）を O&K に対して支払うこと，X の W に対する本件立替払い金 3,711 マルクを含めた合計 11,000 マルクの債権を担保するため，W は X に対して，O&K に対する本件機械の所有権移転の請求権を譲渡すること，本件機械は売買代金の支払いとともに X の所有となること，X は本件機械の所有権取得後に，W に対して本件機械を使用貸借することが合意された。X は 1914 年 2 月及び 3 月に W の残債務を O&K に支払い，その後 X は本件機械の現実の引渡しを受けた。X は本訴を提起して，本件機械に対する所有権の確認を求めた。これに対して，Y は反訴を提起して，本件機械に対する所有権取得を主張した上で，本件機械の引渡しを請求した。1 審は X の本訴を認容したが，控訴審は X の本訴を棄却し，Y の反訴を認容したため，X が上告した。

## 第 3 章　所有権留保と譲渡担保の競合

②判旨

RG 1919 年 3 月 4 日判決は，以下のように判示して，控訴審判決を破棄し，差し戻した。

「W は，1913 年 10 月 13 日に，W が O&K に対して有する浚渫機の所有権移転の請求権を X に譲渡することができた。1913 年 10 月 13 日の契約において，残りの売買代金の支払いとともに浚渫機は X の所有となるということが合意されるとき，これは W から X への浚渫機に対する所有権の停止条件付きの移転を意味するのではなく，むしろ，残りの売買代金の支払いによって，X は浚渫機に対する所有権を直接的に O&K から取得し，W はこのような債権譲渡（Abtretung）の結果を承認するというように解釈される。」「1912 年 12 月 13 日の契約は，浚渫機に関する無権限者の処分に過ぎなかった。その処分は，W 自らが浚渫機に対する所有権を取得せず，浚渫機が W から Y に現実に引き渡されたとき（BGB933 条[134]），または W が浚渫機に対する所有権を獲得したとき（BGB185 条[135]）に有効となり得た。933 条の要件を満たさないことに議論の余地はなく，W は自らが浚渫機の所有者となる可能性を，1913 年 10 月 13 日の契約によって手放そうとした。」「したがって，1913 年 10 月 13 日の契約が真意に基づくものであったとき——これは Y が反論しているため，さらに検討されなければならない——，X は，O&K が残りの売買代金の受領の際に浚渫機に対する所有権を X に移転するという内容の請求権を獲得した。これには，O&K が決定的な時点においてこれに対応する意思を有していたことが必要である。X は，契約の締結後直ちに債権譲渡に関して O&K に通知したため，この場合にはそれは肯定されると主張する。このことも事実に合致する場合には——同様にさらに検討されなければならない——，X は浚渫機に対する所有権を取得した。そして，W は所有権を取得せず，W から 185 条に従って譲り受けた Y も所有権を取得しなかった。」

---

134）条文訳は前掲注 14）を参照。
135）条文訳は前掲注 34）を参照。

③考察

留保買主Wから売買代金の完済前に,留保売主に対する留保目的物の所有権移転の請求権を譲渡担保として提供されたXと,留保目的物を購入したYとの間で,売買代金の完済後に目的物に対する所有権の帰属が争われた事案である。RGは,WとXとの間の契約が有効であり,請求権の譲渡が留保売主に認識されているならば,目的物に対する所有権は売買代金の完済とともに留保売主から直接的にXに移転し,Wはどの時点でも目的物に対する所有権を取得しないため,Yも所有権を取得しなかったと判示した。本判決は,留保買主が留保目的物の所有権取得に関する法的地位を第三者に譲渡したことが問題となった最初の裁判例であるが,本判決の時点においては,留保買主の期待権という概念がまだ確立されていなかったため,留保売主に対する留保目的物の所有権移転の請求権を譲渡するという構成が用いられたと思われる。その結果,本判決においても,通常の債権譲渡の場合と同様のものとして扱われている。

2) RG 1933年4月4日判決（RGZ 140, 223[136]）

①事実の概要

織物工場H会社は,訴外織機工場から10台の織機（Webstuhl）を所有権留保特約付きで購入し,その引渡しを受けた。Xは,1930年11月15日に,Hと譲渡担保契約を締結し,Hへの電気の供給に対するXの債権を担保するために,Hは留保売主に対する本件機械10台の所有権取得の請求権をXに譲渡すること,それによって売買代金の完済とともに本件機械に対する所有権は直接的に留保売主からXに移転すること,Xの所有となった本件機械はHに使用貸借されること,被担保債権の弁済後に,本件機械に対する所有権はHに移転すべきことが合意

---

136) 船越・前掲注133) 53-54頁,田村・前掲注127) 109-110頁。

された。本件機械の売買代金は後に完済されたが，XのHに対する被担保債権のうち約8,000RM（ライヒスマルク）がまだ弁済されていなかった。その後，Hの債権者Yは，本件機械が設置されたHの工場に強制執行を行い，その効力は工場内に設置された本件機械にも及ぶと主張した。これに対して，Xは，本件機械に対する所有権は直接的に留保売主からXに移転したため，Yによる本件機械に対する強制執行は許されないと主張して第三者異議の訴えを提起した。1審はXの請求を認容したため，Yが飛躍上告した。

②判旨
RG 1933年4月4日判決は，以下のように判示して，1審判決を破棄し，Xの請求を棄却した。

「Hは，Hに帰属する条件付きの『所有権の取得への権利（Recht auf den Erwerb des Eigentums）』のみを移転した限りで，BGB185条1項の意味における無権限者の法的地位で行動したのではなかった。なぜなら，留保買主の条件付権利は，期待権（Anwartschaft）または既に取得された財産権と考えられ，いずれにせよ，このような場合においては，保護された法的地位が基礎付けられているからである。そしてそれは，差押えが可能であり，破産における保全の対象となり，譲渡可能である。」「ここで問題となっている場合において，本件機械の留保売主は，Xへの期待権の譲渡に関して通知されていなかった。」「期待権は，それ自体としてまだ物権的権利（dingliches Recht）を基礎付けない。現行の法秩序には，限定された数の物権的権利のみが存在する。動産の所有権取得の期待権は，これには属さない。」「判例が，実際的な配慮により，最初の売主から担保取得者（Sicherungserwerber）への所有権の直接的な移転のために，権利譲渡が通知された留保売主の（明示的または黙示的な）同意（Zustimmung）を（中略）形式的な移転行為（förmliche Übertragungshandlung）に十分代わるものとして承認したとき，このようなことは既に，取引上の必要性に対す

る十分な歩み寄り（Entgegenkommen）を意味する。しかしながら，法的安定性は，物権的な権利変動を認識可能にする明確な意思の表明を要求する。」「所有権の移転が留保買主を回避して直接的に留保売主から担保取得者へ移転することによって行われるべきとき，外部に認識可能な実行行為がより一層必要である。原則として，所有権移転の認識可能性が必要であることからは離れられない。なぜなら，そうでなければ，安定した法律関係が，特に互いに矛盾する物権的権利（einander widerstreitende dingliche Rechte）が衝突するような場合においては得られないからである。」

③考察

留保買主 H から売買代金の完済前に，留保売主に対する留保目的物の所有権取得の請求権を譲渡担保として提供された X が，売買代金の完済後に H の債権者 Y によって行われた，目的物を含む H の工場への強制執行に対して，第三者異議の訴えを提起した事案である。RG は，H から X に譲渡担保として提供された権利は期待権であり，その譲渡可能性を肯定しつつも，期待権は物権的権利ではないため，期待権の譲渡には留保売主への通知と留保売主の同意が必要であるとして，留保売主への通知がない本件事案において，X は目的物の所有権を取得しないと判示した。本判決は，RG 1919 年 3 月 4 日判決とは異なり，譲渡された留保買主の権利を期待権と構成しているが，留保買主が期待権を譲渡する際に，留保売主への通知と留保売主の同意を要求していることから，実質的には従来の所有権移転の請求権を譲渡するという構成と大きな違いがないように思われる。このように，ライヒ裁判所の裁判例においては，期待権の債権的な側面が強調され，譲渡可能性が制限されていた[137]。

---

137) 船越・前掲注 133) 54 頁。

## (3) 連邦通常裁判所の裁判例

### 1) BGH 1956 年 2 月 22 日判決（BGHZ 20, 88[138]）

#### ①事実の概要

商人 H は，四輪トレーラー（Zweiachsenanhänger）を所有権留保特約付きで購入し，その引渡しを受けた。1953 年 7 月 1 日に，H と X との間で締結された契約において，X の H に対する 5,000DM の貸金債権を担保するために，H は本件トレーラーを譲渡担保として X に提供すること，本件トレーラーの所有権は売買代金の完済とともに X が取得すること，本件トレーラーは引き続き H によって使用されることが合意された。本件トレーラーの売買代金は，1954 年 2 月 10 日に完済されたが，1953 年 7 月 1 日と 1954 年 2 月 10 日の間に，H の債権者 Y は，H が直接占有する本件トレーラーに対して強制執行を行った。これに対して，X は第三者異議の訴えを提起し，X は売買代金の完済とともに本件トレーラーの所有権を取得したため，Y の差押えは有効ではなくなったと主張した。1 審及び控訴審は X の請求を棄却したため，X が上告した。

#### ②判旨

BGH 1956 年 2 月 22 日判決は，以下のように判示して，控訴審判決を破棄し，差し戻した。

「売買代金の支払いによって，所有権留保の下で売却された物に対する所有権は，直接的に留保売主から担保権者（Sicherungsnehmer）に移転し，留保買主の財産はこの移転の際に所有権の経由点（Durchgangspunkt）とは

---

138) 船越・前掲注 133) 56 頁，山崎・前掲注 133) ドイツ判例百選 92-95 頁，小林資郎「所有権留保売買における買主の物権的期待権(1)」北海学園大学法学研究 26 巻 2 号 211-214 頁（平成 2 年），田村・前掲注 127) 111 頁，拙稿・前掲注 2)「所有権留保の法的性質に関する一考察（一）」387-388 頁。

ならない。」「停止条件の下で譲渡された権利の取得への期待権を譲渡することが許容されるとき，それによって，完全な権利（Vollrecht）の取得の見込みに存在する価値を，既に現在において，信用または他の目的のために利用する可能性が期待権者に認められる。期待権者に法律によって与えられた権限は，現在の財産価値（gegenwärtiger Vermögenswert）を意味する。譲渡可能性が完全な権利を有する者の同意に結びつけられたならば，認められた権限の価値は強く減少させられるであろうということは，明らかである。（中略）留保売主は，完全な権利の取得者が誰であるかに対して，利益を有さない。（中略）期待権によって成立または取得が目指されている完全な権利が譲渡可能である限り，期待権は譲渡可能である。（中略）当裁判所は，条件付所有権譲渡から生ずる期待権を有する者は，所有者の同意（Zustimmung）がなくても，期待権の取得者が条件の成就によって完全な権利を取得するという条件とともに，その期待権を処分することができるという見解に同意する。」「Xが条件付所有権譲渡から生ずる期待権をHから取得したとき，（中略）Yの差押えは，条件の成就の際に，Xに対して効力を失った。（中略）期待権者は原則として，期待権を譲渡するのではなく，完全な権利を無権限者として譲渡することもできる。後者の場合において，取得者は完全な権利をBGB185条の要件の下でのみ与えられ，Xは有効な差押えの権利の負担がついたトレーラーの所有権を取得したに過ぎないという結果となるであろう。契約当事者がどちらを意図したかは，当該処分の解釈に左右される。その際には，関連する法的問題を熟知していない当事者の文言ではなく，合意の意味と目的が重要である。たいていの場合，取得者は期待権の譲渡人による矛盾した将来の処分から最も良く保護される法的地位を求めるため，通常は，将来の完全な権利だけでなく，現在の期待権もまた取得者に移転すると解されるであろう。」

③考察

留保買主Hから売買代金の完済前に，留保目的物を譲渡担保として提供されたXが，その後から売買代金の完済までの間にHの債権者Yによって行われた目的物への強制執行に対して，売買代金の完済後に第

三者異議の訴えを提起した事案である。BGH は，売買代金の完済とともに目的物の所有権は留保売主から期待権の取得者に直接的に移転するとした上で，期待権の譲渡に留保売主の同意は不要であると判示し，さらに売買代金の完済前に H と X との間で締結された譲渡担保契約の解釈について，当事者間で用いられた契約の文言にかかわらず，通常は無権限者による留保目的物に対する所有権の譲渡と解釈するのではなく，権利者である留保買主による期待権の譲渡と解釈すべきであるとした。本判決は，売買代金の完済とともに目的物の所有権は留保買主を経由せず，留保売主から期待権の取得者に直接移転する結果，期待権の取得者は留保買主の債権者による差押えを排除することができるとした点も重要であるが，それ以上に，期待権の譲渡に留保売主の同意を要求した RG 1933 年 4 月 4 日判決を覆し，期待権の譲渡可能性を全面的に承認した裁判例として理解されている[139]。また，本判決において，売買代金の完済前に行われた留保買主による留保目的物の譲渡は，原則として期待権の譲渡と解釈されるべきであるとされたことから，契約の文言上は期待権の譲渡を意図しているか疑わしい場合であっても，期待権ではなく他人物の所有権を譲渡するという意思が明確でない限り，期待権の譲渡として解釈されることとなる[140]。

---

139) *Staudinger/Beckmann,* a.a.O. (Fn. 132), Rdnr. 83.; *Münchener/Westermann,* a. a.O. (Fn. 132), Rdnr. 52.; *Erman/Michalski,* a.a.O. (Fn. 132), Rdnr. 20.; *NK-BGB/Meller-Hannich/Schilken,* a.a.O. (Fn. 9), Rdnr. 15, 83.; *Baur/Stürner,* a.a.O. (Fn. 132), § 59, Rdnr. 34.; *Erman,* Bürgerliches Gesetzbuch, Bd. 1, 13., neu bearbeitete Aufl. 2011, § 449 [*Barbara Grunewald*] (zit., *Erman/Grunewald*), Rdnr. 27.; *Bankrechts-Handbuch/Ganter,* a.a.O. (Fn. 3), Rdnr. 76. また，本判決については，従来から日本においても検討の対象とされてきた（前掲注 138）を参照）。

140) *Staudinger/Beckmann,* a.a.O. (Fn. 132), Rdnr. 86.; *Palandt/Bassenge,* a.a.O. (Fn. 132), Rdnr. 45.; *Serick,* EuS I, a.a.O. (Fn. 132), S. 257.; *Bankrechts-Handbuch/Ganter,* a.a.O. (Fn. 3), Rdnr. 71, 74.

2）BGH 1958 年 6 月 24 日判決（BGHZ 28, 16[141]）
①事実の概要

X 銀行は，Y 会社に対する継続的な信用取引から生ずる債権を担保するために，Y との間で譲渡担保契約を締結し，現在及び将来において Y の工場内に存在する全ての原料（Rohmaterial），半製品（Halbzeug）及び完成品（Fertigfabrikat）の在庫が譲渡担保の目的であること，在庫品の中には Y の所有物と留保目的物があるため，前者については所有権，後者については期待権が X に譲渡されること，占有の移転は占有改定によって行われ，Y は担保財産を X のために無償で保管することが合意された。その後，本件譲渡担保契約においては所有権と期待権が区別されておらず，目的物が特定されていないとして，Y が本件譲渡担保契約の無効を主張したため，X と Y との間で，本件譲渡担保契約の有効性が争われた。1 審は契約の有効性を肯定したため，Y が飛躍上告した。

②判旨

BGH 1958 年 6 月 24 日判決は，以下のように判示して，Y の飛躍上告を棄却した。

「所有権に対する期待権の譲渡（Übertragung des Anwartschaftsrechts auf das Eigentum）は，動産の所有権譲渡と同じ規定が適用される。すなわち，期待権は，所有権の単なる前段階（bloße Vorstufe des Eigentums）であり，それは所有権との比較において『異質のもの（aliud）ではなく，本質を同じくするマイナス（wesensgleiches minus）』である。それに応じて，所有権を留保した納入業者（Lieferant）の通知も，その同意も必要ではない。むしろ，所有権留保の下で引き渡された物に対する期待権の譲渡は，BGHZ 20, 88 において学説で支配的に主張されている見解と一致して述べ

---

141）船越・前掲注 133) 56-57 頁，田村・前掲注 127) 112 頁。

られたように，条件の成就（中略）の際に，直接的に完全な所有権が納入業者から期待権の取得者へ，最初の期待権者としての留保買主を回避して移転するということを，結果として伴う。このような事情の下で，特定性の要求（Bestimmtheitserfordernis）を満たすために，まだ納入業者の所有権留保が有効である目的物と所有権留保のない物から構成されている商品倉庫の譲渡担保の場合に，留保商品と所有権留保のない商品を分離して示すことが必要である理由が存在しないことは明らかである。むしろ，このような視点からは，本件契約の有効性に対する疑念は導き出されない。なぜなら，本件契約は商品倉庫にある全ての原料，半製品及び完成品に及ぶべきであるということが，本件契約から明確に読み取られ得るからである。全てのこのような目的物について，所有権またはそれと本質を同じくする所有権に対する期待権がYからXへと移転すべきであった。」

③考察

XとYは譲渡担保契約を締結し，現在及び将来においてYの工場内に存在する全ての在庫品の所有権と期待権をYはXに譲渡担保として提供することが合意されたが，後になってXとYとの間で本件譲渡担保契約の有効性が争われた事案である。所有権と期待権が区別されていない本件譲渡担保契約は目的物が特定されていないために無効であるとするYの主張に対して，BGHは，所有権と期待権は本質を同じくするものであるため，期待権の譲渡は動産の所有権譲渡と同じ方法で行われ，所有権と期待権を一括して譲渡する際に両者を分ける必要はないとして，本件譲渡担保契約は目的物の特定性の要求を満たしており有効であると判示した。本判決は，期待権が譲渡可能であることを前提に，所有権と期待権との類似性を理由として，留保目的物の期待権は，動産の所有権を譲渡する場合と同様に，物権的合意と引渡し（BGB929条[142]），または現実の引渡しに代わる占有改定（BGB930条[143]）に

---

142) 条文訳は前掲注4）を参照。

よって譲渡されることを明確にしたものである[144]。

(4) 小括

BGB の制定直後は，留保買主の期待権という概念が判例及び学説においてまだ確立されていなかったため，ライヒ裁判所は当初，RG 1919 年 3 月 4 日判決におけるように，留保売主に対する留保目的物の所有権移転の請求権を譲渡するという構成を用いて，債権譲渡の場合と同様に取り扱っていた。その後，RG 1933 年 4 月 4 日判決は，留保買主の権利を期待権と構成し，その譲渡可能性を肯定したものの，留保買主が期待権を譲渡する際には留保売主への通知と留保売主の同意が必要であると判示した。このように，ライヒ裁判所の裁判例においては，期待権は譲渡可能であるとしつつも，期待権の債権的な側面が強調され，譲渡可能性が制限されていたということができる。

しかしながら，このようなライヒ裁判所の判例法理は，連邦通常裁判所には受け継がれず，BGH 1956 年 2 月 22 日判決は，期待権の譲渡に留保売主の同意は不要であるとして，期待権の譲渡可能性を全面的に承認した。また，本判決において，売買代金の完済前に行われた留保買主による留保目的物の譲渡は，無権限者として目的物の所有権を譲渡したのではなく，原則として期待権を譲渡したものと解釈されるべきである

---

143) 条文訳は前掲注 5) を参照。
144) *Staudinger/Beckmann*, a.a.O (Fn. 132), Rdnr. 83-84.; *Münchener/Westermann*, a.a.O (Fn. 132), Rdnr. 52.; *Erman/Michalski*, a.a.O (Fn. 132), Rdnr. 19.; *Erman/Grunewald*, a.a.O (Fn. 139), Rdnr. 28.; *NK-BGB/Meller-Hannich/Schilken*, a.a.O (Fn. 9), Rdnr. 15, 83.; *PWW/Schmidt*, a.a.O (Fn. 132), Rdnr. 15.; *Reinicke/Tiedtke*, a.a.O (Fn. 132), Rdnr. 1320.; *Serick*, EuS I, a.a.O (Fn. 132), S. 257.; *Baur/Stürner*, a.a.O (Fn. 132), § 59, Rdnr. 34.; *Weber/Weber*, a.a.O (Fn. 132), SS. 160-161.; *Leipold*, a.a.O. (Fn. 131), § 29, Rdnr. 20.; *Bankrechts-Handbuch/Ganter*, a.a.O. (Fn. 3), Rdnr. 75. また，近時の裁判例として，BGH 2007 年 6 月 19 日判決（NJW 2007, 2844）は，BGB929 条 2 文に従った，簡易の引渡しによる期待権の譲渡を肯定している。

とされた。さらに，BGH 1958 年 6 月 24 日判決は，所有権と期待権との類似性を理由として，留保買主の期待権は，動産の所有権を譲渡する場合と同様の方法で譲渡されると判示した。以上のような一連の判例法理から，現在のドイツ法において，留保買主の期待権には，所有権と同様の強い譲渡性が承認されていることが分かる。

### 3. 期待権の譲渡禁止特約の効力
(1) 問題の所在

本節の 2 における検討から明らかとなったように，留保買主は期待権を譲渡する際に留保売主の同意を得る必要はない。このことと関連して，期待権の譲渡禁止特約が留保売主と留保買主との間で合意されていた場合における期待権の譲渡の効力が問題となる。BGB には，権利の譲渡を禁止する特約の効力に関する規定として，法律行為による処分禁止の効力は債権的効力を有するに過ぎないことを定めた BGB137 条[145] と，合意による債権譲渡の排除は物権的効力を有することを定めた BGB399 条[146] の 2 つが存在する。BGH 1958 年 6 月 24 日判決が判示するように，所有権と期待権との類似性を強調するならば，期待権の譲渡禁止特約は BGB137 条の適用によって債権的効力を有するに過ぎないと解される一方で，BGB399 条の規定は BGB413 条[147] によって権利の

---

145) BGB137 条（法律行為上の処分禁止）「譲渡される権利（veräußerliches Recht）の処分権限は，法律行為によっては排除または制限され得ない。そのような権利を処分しないとの債務の有効性は，本規定によっては影響を受けない。」訳はライポルト（円谷訳）・前掲注 4) 556 頁を参照した。

146) BGB399 条（内容変更または合意による債権譲渡の排除）「給付が本来の債権者とは異なる者に対して，その内容の変更なくしては行われ得ないとき，または債権譲渡（Abtretung）が債務者との合意によって排除されているとき，債権は譲渡され得ない。」

147) BGB413 条（他の諸権利の移転）「債権の移転に関する諸規定は，法律が別のことを定めない限りで，他の諸権利の移転に準用される。」

譲渡に広く準用されることを重視するならば，期待権の譲渡禁止特約にも BGB399 条が準用され，物権的効力が認められると解する余地もある。このため，期待権の譲渡可能性に関する一連の判例法理が形成された後も，期待権の譲渡禁止特約の効力が争われていた。

　そこで，以下においては，期待権の譲渡禁止特約の効力が争われた 2 つの裁判例を検討する。

(2) 判例
1) BGH 1970 年 2 月 4 日判決（NJW 1970, 699 ＝ WM 1970, 317）
①事実の概要

　H の砂利採取事業（Kiesbaggerei）に参加していた Y は，1965 年 5 月 10 日に，パワーショベル（Raupenbagger）を納入業者 L から所有権留保特約付きで購入し，その引渡しを受けた。本件機械の売買契約において，「引き渡された商品に関するあらゆる処分（例えば転売，担保のための所有権譲渡など）は，納入業者 L の明示的な事前の同意（ausdrückliche vorherige Genehmigung）がある場合にのみ許される」ことが合意されていた。1966 年 3 月 1 日に，H は Y の同意を得た上で，H の営業及び営業用地を X に売却する旨の契約を締結した。本件契約においては，営業用地にある本件機械に対する期待権も X に売却されることが合意されていた。1967 年 2 月 2 日に，Y によって本件機械の売買代金は完済された。1967 年 2 月 3 日に，Y が本件機械を X に無断で営業用地から搬出したため，X は本訴を提起して，本件機械に対する所有権の確認を求めた。これに対して，Y も本件機械に対する所有権の確認を求めて，反訴を提起した。1 審及び控訴審は X の本訴を認容し，Y の反訴を棄却したため，Y が期待権の譲渡の無効を主張して上告した。

第3章　所有権留保と譲渡担保の競合

②判旨

BGH 1970年2月4日判決は，以下のように判示して，Yの上告を棄却した。

「留保売主の担保利益は，留保買主に期待権の処分も禁止することを必要としない。このような期待権は，留保売主との関係において，留保所有権（Vorbehaltseigentum）によって担保された売主の債権が弁済された後で，誰が所有権を取得するかという問題のみを決定する。しかしながら，このことは——通常——売主にとって重要ではない。それ故に，ここで問題となっているような条項は，買主に売買目的物に関する処分のみを禁止し，期待権に関する処分を禁止しないという趣旨で解釈されなければならない。」「売主が買主との間で，買主は期待権も処分することが許されないということを合意する場合には，そのような合意はBGB137条に従って，専ら債務法上，売主と買主との間の関係において効力を有するが，期待権の取得者に対しては効力を有さない。直接的には債権に対してのみ適用されるBGB399条の例外規定は，BGB413条を通して期待権には準用され得ない。所有権の取得に対する期待権は，債権者と債務者との間の合意によって権利の譲渡可能性が排除され得る債権と比較可能ではなく，所有権と似ている。（中略）一方では，期待権と債権の間の本質的な相違，他方では，期待権と所有権との間の類似性は，専ら所有権に対して適用されるBGB137条の規定を期待権に適用し，債権に対して適用されるBGB399条の例外規定を適用しないことを正当化する。したがって，仮に納入業者の売却条件及び納入条件（Verkaufs- und Lieferungsbedingungen）における本件条項がYの期待権に関する処分も禁止するものであったとしても，このような禁止はBGB137条により，処分の有効性にとって意味がない。」

③考察

留保目的物の期待権を譲り受けたXと留保買主Yとの間で，売買代金の完済後に留保目的物に対する所有権が争われた事案である。BGH

は，YとLとの間で合意された留保目的物に関する譲渡禁止特約は，留保目的物に関する処分のみを禁止し，期待権に関する処分まで禁止するものではないとした上で，仮に期待権に関する処分も禁止されていたとしても，期待権は債権とは本質的に異なり，所有権に類似しているため，BGB413条を通してBGB399条は準用されず，BGB137条が適用されるとして，いずれにせよ期待権の譲渡は有効であるとした。本判決は，留保買主と留保売主との間で期待権の譲渡禁止が合意されていた場合でも，その合意は当事者間における債権的効力を有するに過ぎず，期待権の譲渡可能性は失われないことを明らかにしたものである。学説においては，本判決が期待権と所有権との類似性を根拠として挙げていることに対して批判的な見解も一部存在するが[148]，本判決の結論自体に対する異論は特に存在しない[149]。

2）BGH 1971年5月5日判決（BGHZ 56, 123）
①事実の概要

浚渫機工場D会社は，1963年11月に，S会社に対して125,000DMの浚渫機（Bagger）を所有権留保特約付きで売却し，引き渡した。Dの納入条件（Lieferbedingungen）によると，留保目的物の譲渡や譲渡担保はDの書面による同意がない場合には許されなかった。1963年11月29日の契約によって，国Y1及びラントY2のSに対する約

---

148) *Heinz Rose*, NJW 1970, SS. 1501-1502 は，本判決が期待権と所有権との類似性を強調していることを批判し，期待権は「無形の財物（unkörperlicher Vermögensgegenstand）」であると主張するが，結論においてはBGB137条の適用を肯定している。

149) *Staudinger/Beckmann*, a.a.O. (Fn. 132), Rdnr. 87.; *Münchener/Westermann*, a.a.O. (Fn. 132), Rdnr. 57.; *Erman/Michalski*, a.a.O. (Fn. 132), Rdnr. 20.; *Erman/Grunewald*, a.a.O. (Fn. 139), Rdnr. 28.; *PWW/Schmidt*, a.a.O. (Fn. 132), Rdnr. 15.; *Palandt/Bassenge*, a.a.O. (Fn. 132), Rdnr. 46.; *Baur/Stürner*, a.a.O. (Fn. 132), § 59, Rdnr. 34.; *Bankrechts-Handbuch/Ganter*, a.a.O. (Fn. 3), Rdnr. 75.

70,000DM の租税債権を担保するために，S は本件機械の所有期待権（Engentumsanwartschaftsrecht）を Y らに譲渡担保として提供した。1966 年 5 月 13 日に，S と X 銀行との間で，X は本件機械に関する S の約 24,000DM の残代金債務を弁済すること，X の S に対する立替払い金債権を担保するために，本件機械に対する所有権は D から X に移転することが合意された。同日，その旨が D に対して通知され，1966 年 5 月 17 日に D がこれを了承したため，1966 年 5 月 20 日に X は残代金債務に相当する額の小切手を D に送付し，1966 年 5 月 25 日に D は X に小切手の受領と X への本件機械の所有権移転を通知した。その後も，S と X との間の寄託契約に基づいて，S が本件機械の直接占有を続けていたが，1967 年 1 月 13 日に Y らは本件機械を差し押さえ，1967 年 5 月 22 日に Y らは本件機械を 21,000DM で売却した。このため，X は，Y らが X 所有の本件機械を無権限かつあまりにも低廉な価格で譲渡したと主張して，Y らに対して損害賠償を請求した。控訴審は X の請求を認容したため，Y らが上告した。

②判旨

BGH 1971 年 5 月 5 日判決は，以下のように判示して，控訴審判決を破棄し，X の請求を棄却した。

「期待権の譲渡は，D の同意を必要としなかった（BGHZ 20, 88）。D の納入条件に従って，所有権留保が存続した間，売買目的物の譲渡や譲渡担保は D の書面による同意がない場合には許されなかったということも，法的有効性の妨げにはならなかった。（中略）どのような場合でも，BGB137 条に従って，所有期待権を Y らに譲渡するという S の権限は，そのような禁止による影響を受けなかった。したがって，Y らは，1963 年 11 月 29 日以来，所有期待権を有する者であった。このことは，BGHZ 20, 88 に従って，1966 年 5 月 20 日と 25 日の間に D の残代金債権が X の弁済によって消滅

したとき，Ｙらは浚渫機の所有権を直接的にＤから取得したという結果を伴った。したがって，この時点まではＤが，この時点からはＹらが浚渫機の所有者であった。」

③考察

留保買主Ｓから売買代金の完済前に，留保目的物の期待権を譲渡担保として提供されたＹらが，Ｘによる売買代金の立替払いの後で目的物を売却したため，Ｘは留保売主Ｄから売買代金の立替払いとともに目的物の所有権を取得していたとして，Ｙらに対して損害賠償を請求した事案である。BGHは，ＳとＤとの間で合意されていた留保目的物の譲渡禁止特約の効力は，BGB137条に従って，ＳによるＹらに対する期待権の譲渡担保には影響を及ぼさないため，Ｘによる売買代金の立替払いとともに，目的物の所有権はＤから直接的にＹらに移転したと判示した。本判決は，BGH 1970年2月4日判決と同様に，留保買主と留保売主との間の譲渡禁止特約は，BGB137条に従って，当事者間における債権的効力を有するに過ぎないため，留保買主が有する期待権の譲渡権限は，このような特約によって制限されないという見解に立ったものである。もっとも，留保買主が期待権を第三者に対して譲渡する際に，BGB929条に従って留保目的物の現実の引渡しを行った場合には，留保目的物の直接占有を維持するという売買契約上の義務に違反するため，留保買主は留保売主に対して損害賠償義務を負う。他方，期待権の譲渡担保のように，留保目的物の占有移転がBGB930条に従った占有改定にとどまる場合には，留保目的物の直接占有は留保買主の下に維持されており，期待権の譲渡によって留保売主の法的地位は侵害されていないため，留保買主は留保売主に対して損害賠償義務を負わないと解されている[150]。したがって，期待権を占有改定によって譲渡する場合には，留保買主と留保売主との間の譲渡禁止特約は，物権的にも債権的にも障害にはならない。

### (3) 小括

判例及び学説においてはほぼ一貫して，留保売主と留保買主との間で合意された期待権の譲渡禁止特約は，BGB137条に従って，当事者間における債権的効力を有するに過ぎず，第三者に対する期待権の譲渡可能性は失われないとされている。したがって，留保買主がこのような合意に違反して第三者に対して留保目的物の期待権を譲渡したとしても，期待権の譲渡は有効であり，第三者に対する留保目的物の現実の引渡しが行われた場合において，留保買主の留保売主に対する損害賠償義務が問題となり得るに過ぎない。以上のことから，本節の2における検討も踏まえると，留保買主の期待権には所有権と同等の非常に強い譲渡性が保障されていることが分かる。

### 4. 期待権の取得者の保護
### (1) 問題の所在

ここでは，期待権の譲渡後における期待権の取得者の保護について検討する。期待権の譲渡後も留保買主によって目的物の売買代金債務が順調に弁済され，最終的に「売買代金の完全な支払い」というBGB449条1項所定の停止条件が成就した場合には，前述のように期待権の取得者は留保売主から直接的に目的物の所有権を取得するため，特に問題は発生しない。しかしながら，売買代金債務の不履行を理由として留保売主が売買契約を解除した場合や，その他の理由により売買契約の解除（Rücktritt）または取消し（Anfechtung）が行われた場合には，条件の不成就が確定するため，これによって既に譲渡された期待権がどのような影響を受け，期待権の取得者がどの程度まで保護されるかが問題となる。また，期待権の譲渡後に留保買主と留保売主が所有権移転の条件を

---

150) *Staudinger/Beckmann*, a.a.O. (Fn. 132), Rdnr. 83.; *Bankrechts-Handbuch/Ganter*, a.a.O. (Fn. 3), Rdnr. 75.

変更したことによって，期待権の取得者の不利益となるような期待権の内容の変更が生じた場合にも，同様の問題が発生する。

以下においては，期待権の譲渡後に売買契約の解除や取消しが行われた場合と，期待権の内容が変更された場合における期待権の取得者の保護について，順に検討を行う。

(2)売買契約の解除等

期待権の譲渡後に行われた留保目的物の売買契約の解除や取消しの効力が直接的に争われた裁判例は存在しない。BGH 1961 年 4 月 10 日判決（BGHZ 35, 85[151]）は一般論として，「売買契約が双方の合意によって消滅するか，または売主が BGB455 条に従って売買契約を解除する場合には，期待権は効力を失う（hinfällig）。」と判示しているが，留保買主の期待権が第三者に譲渡された場合においても，本判決の射程が及ぶか否かは明らかではない[152]。

学説においては，売買代金債務の不履行を理由とする留保売主による売買契約の解除だけでなく，留保買主と留保売主の合意による売買契約の解消（Aufhebung）など，その原因を問わず，基礎となる売買契約が消滅した場合には，留保買主の期待権は消滅し，その結果，留保買主から期待権を取得した者も無条件で期待権を失うという見解も存在する[153]。しかしながら，多くの学説は，譲渡された期待権の存続が原則として留保目的物の売買契約の存続に依存することを承認しつつも，一

---

151) 船越・前掲注133）57-58頁，小林・前掲注138）214-219頁，田村・前掲注127）113-114頁。

152) 後述する BGH 1979 年 10 月 24 日判決（BGHZ 75, 221）は，「全ての個別事例において，契約解消（Vertragsaufhebung）の原因となった理由の評価のもとで，検討されなければならないであろう。」と判示して，事案ごとの個別判断の必要性に言及する。

153) *Münchener/Westermann*, a.a.O. (Fn. 132), Rdnr. 53.; *Ludwig Raiser*, Dingliche Anwartschaften, 1961, S. 31.

定の範囲内で期待権の取得者を保護する必要があるとして，期待権の譲渡後における売買契約の解除等について，①売買代金債務の不履行を理由とする解除の場合，②売買契約に付着した（angelegt）事情に基づく解除または取消しの場合，③留保買主と留保売主との合意による売買契約の解消の場合の3つに類型化して論じている[154]。

まず第一に，①の場合については，期待権の譲渡後であっても，売買代金債務に不履行があれば，BGB449条2項に従って，留保売主は期待権の取得者の同意がなくても，自由に売買契約を解除可能であることに異論は存在しない。期待権の取得者は，このような売買契約の解除によって期待権が消滅することを回避するため，必要に応じて目的物の売買代金を留保買主に代わって支払わなければならない[155]。

次に，②の場合については，例えば留保買主の側から，目的物の瑕疵担保責任に基づく解除や詐欺を理由とする取消しが行われた場合などが考えられる。一部の学説は，このような解除や取消しから期待権の取得者は保護されるべきであると主張する[156]。しかしながら，多数説は，このような解除権や取消権が売買契約に内在するものであること，期待権の取得者は売買契約から独立した法的地位を取得しないことを理由として，解除権や取消権を行使する際に，期待権の取得者の同意は不要であるとする[157]。もっとも，その場合において，期待権の取得者は留保買主に対する損害賠償請求権を有する[158]。

最後の③の場合については，学説はほぼ一致して，留保買主と留保売

---

154) *Staudinger/Beckmann*, a.a.O. (Fn. 132), Rdnr. 85, 92-93.; *Erman/Grunewald*, a.a.O. (Fn. 139), Rdnr. 28.; *PWW/Schmidt*, a.a.O. (Fn. 132), Rdnr. 15.; *Palandt/Bassenge*, a.a.O. (Fn. 132), Rdnr. 50.; *Reinicke/Tiedtke*, a.a.O. (Fn. 132), Rdnr. 1326.; *Bankrechts-Handbuch/Ganter*, a.a.O. (Fn. 3), Rdnr. 76.; *Werner Flume*, Die Rechtsstellung des Vorbehaltskäufers, AcP161 (1962), SS. 393-394.

155) *Staudinger/Beckmann*, a.a.O. (Fn. 132), Rdnr. 92.; *Münchener/Westermann*, a.a.O. (Fn. 132), Rdnr. 53.; *Reinicke/Tiedtke*, a.a.O. (Fn. 132), Rdnr. 1319.

156) *Flume,* a.a.O. (Fn. 154), SS. 393-394.

主との合意によって売買契約を解消する際には，期待権の取得者の同意が必要であり，同意がない場合には契約解消の効力は生じないとして，期待権の取得者の保護を優先する。その理由として，売買契約から生ずる権利が既に処分されており，もはや留保買主と留保売主との間の合意によって，恣意的に（willkürlich）売買契約を解消して期待権を消滅させることは許されないことが挙げられている[159]。

(3)期待権の内容の変更
1) 問題の所在

期待権の譲渡後における期待権の内容の変更として，ドイツにおいては，拡大された所有権留保（erweiterter Eigentumsvorbehalt）の合意が留保買主と留保売主との間で行われた場合が特に問題とされてきた。拡大された所有権留保は，留保売主が留保買主に対して有する留保目的物の売買代金債権以外の債権を担保するために，これらの債権が全て弁済されるまで留保売主は留保目的物の所有権を留保する旨が合意されることによって行われる[160]。このような合意によって目的物の所有権取得の条件が変更され，期待権が期待権の取得者に不利益な内容に変更される結果，既に期待権を譲渡されていた者は不測の損害を被るため，このような期待権の取得者の保護が問題となる。そこで，以下において

---

157) *Staudinger/Beckmann*, a.a.O.（Fn. 132），Rdnr. 92.; *Erman/Grunewald*, a.a.O.（Fn. 139），Rdnr. 28.; *PWW/Schmidt*, a.a.O.（Fn. 132），Rdnr. 15.; *Palandt/Bassenge*, a.a.O.（Fn. 132），Rdnr. 50.; *Reinicke/Tiedtke*, a.a.O.（Fn. 132），Rdnr. 1326.; *Bankrechts-Handbuch/Ganter*, a.a.O.（Fn. 3），Rdnr. 76.

158) *Bankrechts-Handbuch/Ganter*, a.a.O.（Fn. 3），Rdnr. 76.

159) *Staudinger/Beckmann*, a.a.O.（Fn. 132），Rdnr. 93.; *Erman/Grunewald*, a.a.O.（Fn. 139），Rdnr. 28.; *PWW/Schmidt*, a.a.O.（Fn. 132），Rdnr. 15.; *Palandt/Bassenge*, a.a.O.（Fn. 132），Rdnr. 50.; *Reinicke/Tiedtke*, a.a.O.（Fn. 132），Rdnr. 1326.; *Bankrechts-Handbuch/Ganter*, a.a.O.（Fn. 3），Rdnr. 76.

160) *Staudinger/Beckmann*, a.a.O.（Fn. 132），Rdnr. 149.; *Münchener/Westermann*, a.a.O.（Fn. 132），Rdnr. 81. 田村・前掲注127) 149-150頁。

は，この問題について判示した裁判例として，BGH 1979 年 10 月 24 日判決（BGHZ 75, 221[161]）を検討する。

2）BGH 1979 年 10 月 24 日判決（BGHZ 75, 221）
①事実の概要

Y は，1973 年 1 月 2 日に，B に対して 7 台の貨物自動車（Lastkraftwagen）を所有権留保特約付きで売却し，引き渡した。1974 年 1 月 14 日及び 1975 年 7 月 24 日に，B と X との間で締結された 2 つの契約において，継続的な取引関係及びその他の法的原因から生ずる，X の B に対する現在及び将来の全ての債権を担保するために，B は所有権留保の下にある本件自動車のうちの 5 台の期待権を譲渡担保として X に提供すること，同時に行われた使用貸借関係（Leihverhältnis）の合意に従って，B は引き続き本件自動車を使用することが合意された。1975 年 11 月 20 日に，Y と B は，取引関係から生ずる，Y の B に対する現在及び将来の全ての債権を担保するために，本件自動車は Y の所有にとどまるべきであるという旨の条項を，1973 年 1 月 2 日の売買契約に付け加えた。その後，B は本件自動車の売買代金を完済したが，その他の債務を履行しなかったため，1975 年 12 月 19 日に，Y は B に対して本件自動車の引渡しを請求した。同日，Y は本件自動車を B から受け取り，第三者に譲渡した。X は，本件自動車 5 台に対する所有権を取得していたと主張して，Y に対して損害賠償を請求した。1 審及び控訴審は X の請求を認容したため，Y が上告した。

②判旨

BGH 1979 年 10 月 24 日判決は，以下のように判示して，Y の上告を棄却した。

---

[161] 小林・前掲注 138）219-224 頁，田村・前掲注 127）133 頁。

「期待権の直接的な内容上の変更が，本来の売買契約にその原因を有しておらず，それが期待権の取得者の不利益をもたらす限り，留保買主が依然として売買契約から生ずる権利を有し義務を負うということは重要ではなく，留保買主が期待権の譲渡の後で，もはやこの権利を処分することができず，それとともに期待権が債務法上の契約と密接に結びついていること（依存性 Abhängigkeit）を理由として，必ずしも合意された所有権移転の条件を任意に変更することができるわけではないということが重要である。」「控訴審は正当にも，判例及び学説が，完全な権利の取得の機会（Chance des Erwerbs des Vollrechts）に存在する価値を既に現在において信用目的（Kreditzweck）のために利用することを可能にする，強い法的地位を期待権者に与えたということを指摘する。とりわけ，期待権は BGB929 条，930 条に従って期待権者の信用供与者（Kreditgeber）に担保のために譲渡され得るということが承認されている。それ故に，担保権設定者（留保買主）が担保権者（期待権の取得者）の同意なく，留保売主との合意による所有権留保の拡張（Ausdehnung des Eigentumsvorbehalts）の下で，期待権を新たに債権担保手段（Kreditsicherungsmittel）として利用し，それによって担保権者に譲渡された権利を経済的に無価値にすることができるならば，これは矛盾しており，経済生活（Wirtschaftsleben）の正当な利益に反するであろう。」

③考察

Xが留保買主Bから留保目的物の期待権を譲渡担保として取得した後で，Bと留保売主Yとの間で拡大された所有権留保が合意され，さらに目的物がYによって第三者に譲渡されたため，XがYに対して損害賠償を請求した事案である。BGHは，期待権の存続が売買契約に依存するからといって，留保買主は期待権の取得者の不利益となるような期待権の内容の変更を任意に行うことはできず，期待権の取得者の同意が必要であると判示した。本判決は，期待権の取得者の同意がない限り，期待権の譲渡後に留保買主と留保売主は拡大された所有権留保を合

意することができないことを明らかにしたものである。学説においても，留保買主と留保売主との合意による売買契約の解消の場合と同様に，既に期待権が処分されていることを理由として，本判決の結論を支持する見解が多数である[162]。

## (4) 小括

判例は，一般論として，留保目的物に関する売買契約の解除や取消しの場合に期待権が消滅する旨を判示しているが，期待権が第三者に譲渡された場合に期待権の取得者がどの程度保護されるかについて，明確に判示した裁判例は存在しない。学説は，売買代金債務の不履行を理由とする解除の場合や，売買契約に付着した事情に基づく解除または取消しの場合には，期待権の取得者の同意は不要であるとする一方で，留保買主と留保売主との合意による売買契約の解消の場合には，売買契約から生ずる権利が既に処分されていることなどを理由に，期待権の取得者の同意を要求しており，この場合には期待権の取得者の保護が優先される。また，拡大された所有権留保などによって，期待権の譲渡後に期待権の内容が変更された場合について，判例及び学説は，期待権の取得者の同意がない限り，期待権の譲渡後に期待権の取得者の不利益となるような期待権の内容の変更を行うことはできないとしている。以上のことから，期待権の取得者は，期待権の譲渡後に留保買主と留保売主との間で新たに行われた，期待権の取得者に不利益をもたらす内容の合意からは保護されているものの，売買代金債務の不履行を理由とする売買契約の解除や，留保目的物の売買契約に付着している事情に基づく売買契約

---

[162] *Staudinger/Beckmann*, a.a.O. (Fn. 132), Rdnr. 93.; *Münchener/Westermann*, a. a.O. (Fn. 132), Rdnr. 54.; *Erman/Grunewald*, a.a.O. (Fn. 139), Rdnr. 28.; *PWW/Schmidt*, a.a.O. (Fn. 132), Rdnr. 15.; *Reinicke/Tiedtke*, a.a.O. (Fn. 132), Rdnr. 1326.; *Bankrechts-Handbuch/Ganter*, a.a.O. (Fn. 3), Rdnr. 76.; *Hans Forkel*, NJW 1980, SS. 774-775.

の解除または取消しによって生じた不利益については甘受しなければならないため，期待権の譲渡後に生じた事情からの期待権の取得者の保護は強いとは言い難い。

### 5. 本節の小括

　留保買主が売買代金の完済前に留保目的物を第三者に対して譲渡担保として提供する場合につき，ドイツにおいては，所有権留保と譲渡担保の競合としてではなく，留保買主が留保目的物に対して有する期待権を譲渡担保として提供したものとして議論されている。ドイツ法において，留保買主の期待権は目的物の所有権と同等の強い譲渡性を有するものとされている。また，期待権の譲渡可能性は，留保買主と留保売主との間の譲渡禁止特約によっても排除され得ない。しかしながら，期待権の存続は原則として売買契約の存続に依存するため，期待権の取得者が期待権の存続に関して得られる保護は限定的である。

　また，本節において検討された裁判例の殆どが期待権の譲渡担保の事案であることからも分かるように，ドイツにおいては，留保買主が売買代金の完済前に留保目的物を資金調達のために利用することが従来から試みられてきており，現在ではその手段として，これまでに確立された一連の判例法理に基づいて，留保目的物の期待権を第三者に対して譲渡担保として提供することが実務において一般的に行われている[163]。

## 第2節　日本の法状況

### 1. 序説

　本節においては，日本における，所有権留保と譲渡担保の競合に関す

---

163) *Bankrechts-Handbuch/Ganter*, a.a.O. (Fn. 3), Rdnr. 72.

る判例及び学説の展開について検討する。日本の民法典には、所有権留保に関する明文規定は存在しないが[164]、所有権留保は実務上、古くから用いられてきており、判例も従来からその有効性を承認してきた[165]。また、学説においても、所有権留保は、譲渡担保と同様に非典型担保の1つとして、現在に至るまで議論の対象とされている[166]。

所有権留保と譲渡担保の競合について判示した裁判例には、最判昭和58年3月18日金判684号3頁（以下「最高裁昭和58年判決」という。）以外にも、大判昭和13年4月19日全集5輯414頁（以下「大審院昭和13年判決」という。）や、下級審裁判例であるが東京地判昭和52年5月31日判時871号53頁（以下「東京地裁昭和52年判決」という。）、東京地判平成5年9月16日判タ845号251頁（以下「東京地裁平成5年判決」という。）など、複数のものが存在する。また、最近では、所有権留保と集合動産譲渡担保の競合について判示した最判平成30年12月7日金

---

[164] 割賦販売法が適用される売買契約においては、当事者間に合意が存在しない場合にも、割賦金が全額支払われるまでの間は指定商品の所有権が割賦販売業者に留保されるものと推定されている（同法7条）。

[165] 日本における所有権留保の歴史的展開については、田村・前掲注127）235-268頁が詳しい。

[166] 日本の学説においては、所有権留保の法的構成が従来からの議論の中心であり、田村・前掲注127）269-309頁は、現在に至るまでの所有権留保の法的構成に関する主要な学説を詳細に検討している。また、所有権留保の法的構成に関する学説は、譲渡担保と同様に、所有権の構成と担保の構成に大別され、従来から多様な見解が主張されてきたが、現在では、道垣内・前掲注59）367頁によると、「多くの学説は、所有権留保を個別的譲渡担保とパラレルにとらえている」とされており、譲渡担保との類似性（債権者が債権担保目的で目的物の所有権を有するという点）を強調して譲渡担保と同様の取り扱いをする見解が多数であるとされている。しかしながら、近年、所有権留保が売買契約に基づくものであることを重視し、所有権留保は単に売買代金債権を担保するだけでなく、所有権に基づく物権的返還請求権の行使を通じて、留保目的物の返還を確実にするという側面も有する点で譲渡担保とは異なるとして、所有権留保と譲渡担保を統一的に取り扱うことに対して懐疑的な見解も有力に主張されている。このような見解については、石口・前掲注130）4-5頁、田村・前掲注127）345-346頁参照。

判1562号18頁（以下「最高裁平成30年判決」という。）も現れた。しかしながら，既に述べたように，所有権留保と譲渡担保の競合について論じた文献は，これまでに検討した他の競合類型と比較して少ない[167]。また，これらの文献の大半は，最高裁昭和58年判決の分析を行ったものである[168]。

そこで，以下においては，最高裁昭和58年判決をはじめとする，所有権留保と譲渡担保の競合について判示した主要な裁判例の検討を中心に行い，学説の状況については，判例の分析を行う中で確認することとする。

## 2．裁判例①——大審院昭和13年判決
### (1) 事実の概要

訴外Aは昭和9年3月14日，Yから印刷機械5台を代金3,356円で買い受けたが，本件売買契約には代金完済まで本件機械の所有権を売主たるYに留保する旨の特約が存在した。Aは本件機械の引渡しと同時にYに対して内金1,000円を支払ったが，その後は残代金の支払いをしていない。それにもかかわらず，昭和10年7月3日，AはXが世話人を務める頼母子講から講金1,400円40銭の給付を受けると同時に，

---

[167] 所有権留保と譲渡担保の競合について検討を行った文献として，半田・前掲注127) 79頁，鈴木禄彌「最近担保法判例雑考(13)——所有権留保と譲渡担保の競合」判タ524号45-49頁（昭和59年），松本恒雄「判批・最判昭和58年3月18日」民商90巻4号588-593頁（昭和59年），吉田眞澄「動産の譲渡担保と所有権留保・先取特権」法時65巻11号75-77頁（平成5年），古積・前掲注114) 120-124頁，渡辺幹典「民事判例研究——所有権留保の目的物に設定された譲渡担保権——」関西大学大学院法学ジャーナル64号153-164頁（平成7年），田髙・前掲注11) 295-299頁，林ほか編・前掲注125) 717-718頁〔小山泰史〕，田村・前掲注127) 311-338頁，柚木ほか編・前掲注126) 721-722頁〔福地俊雄・占部洋之〕。

[168] 最高裁昭和58年判決以前には，この問題について包括的に議論している学説は存在しないとされている。半田・前掲注127) 80頁参照。

この掛戻金 1,920 円の支払いを担保するため，講金取立等一切の権限を有する X に対して本件機械を自己の所有と称して譲渡担保として提供した。そこで，X は Y に対して所有権の確認を請求した。

原審（福岡地判昭和 12 年 9 月 30 日）は，A と Y との間で締結された本件売買契約には所有権留保特約が存在したことを認定し「X ノ前記譲受当時譲渡人 A カ其ノ所有権ヲ有シ居ラサリシコト明白ナリ」として本件譲渡担保権設定契約当時の本件機械の所有者は Y であったと判示したが，その上で「X ハ本件物件ノ譲渡及引渡ヲ受クルト同時ニ民法第 192 条ニ依リ其ノ所有権ヲ取得シタルコト明ニシテ」と判示して，X による本件機械の所有権の即時取得を認めて X の請求を認容した。これに対して，Y は「X カ講総代ニシテ本件物件ヲ講金掛戻債権ノ担保ノ為メ譲渡ヲ受ケ即時ニ之ヲ訴外 A に無償貸与シ訴外 A ハ右譲渡借受ケノ前後ヲ通シ一貫シテ其ノ占有ヲ継続シ居ル点ヨリ観ルモ其ノ行為カ占有ノ改定ニ過キサルコト寔ニ明カナリト云フヘシ」「即時取得ノ要件タル占有取得ハ現実ノ引渡ニ依ルコトヲ要スルハ従来御院判例ノ一定スル処ナリ」と主張して上告した。

(2) 判旨

大審院昭和 13 年判決は以下のように判示して原判決を破棄し，差し戻した。

「民法第 192 条ハ動産ヲ現実ニ引渡ヲ受ケ以テ同条所定ノ要件ヲ具備セル占有ヲ取得セル場合ニ限リ適用アルモノニシテ占有動産ニ対スル一般外観上従前ノ占有状態ニ何等ノ変更ナク単ニ意思表示ノミニ依リ占有権ヲ承継取得セル民法第 183 条ノ如キ場合ニ其ノ適用ナキモノト解スヘキコトハ当院判例（中略）ノ屡次説示スルトコロナリ左レハ無権利者ヨリ動産ヲ譲受ケタル者カ従前ノ占有者ヨリ現実ノ引渡ヲ受ケスシテ同法第 183 条所定ノ方法即チ所謂占有ノ改定ニ依リ占有権ヲ承継取得セルニ過キサルトキハ同法

第192条ニ依リ占有動産上ノ権利ヲ即時取得スルコトヲ得サルモノト云ハサルヘカラス」「原審ノ前叙認定スルトコロヲ熟読スルモXカ果シテAヨリ本件物件ヲ現実ニ引渡ヲ受クルモノナリヤ将タ前示民法第183条所定ノ占有ノ改定ニ依リ占有権ヲ取得セルモノナリヤ否ヤ不明ニシテ若シ前者ノ場合ナリトセハX ハ同法第192条ニ依リ其ノ所有権ヲ取得スヘシト雖若シ後者ノ場合ナリトセハ冒頭説示ノ如ク同条ノ適用ナク従テ其ノ所有権ヲ取得スルコトヲ得サルモノト断セサルヲ得ス」

(3) 考察

留保買主Aから留保目的物を譲渡担保として提供されたXが，留保売主Yに対して目的物の所有権確認を請求した事案である。原審は本件譲渡担保契約締結当時にAは無権利者であったとしつつも，Xは目的物を即時取得したとしてXの請求を認容した。しかしながら大審院は，Xの即時取得が認められるためには，XがAから目的物について現実の引渡しを受けている必要があるとして，Xが現実の引渡しを受けたか否かという点について判断せずにXの即時取得を認めた原判決を破棄し，差し戻した。本判決は，所有権留保と譲渡担保の競合について判示した最初の裁判例である。本判決においては，留保目的物の所有者は留保売主Yであり，留保買主Aは無権利者であることが前提とされ，Aから留保目的物を譲渡担保として提供されたXは，即時取得の要件を満たさない限り，目的物に対する一切の権利を取得することができないものとされた。また，原審判決とは異なり，大審院は，本件のように譲渡担保目的で留保買主から目的物を譲り受けた場合にも，真正売買の場合と同様に，占有改定による即時取得を否定したため，本判決におけるXは，目的物について現実の引渡しを受けない限り，目的物に対する譲渡担保権を取得することができない[169]。

## 3. 裁判例②——東京地裁昭和 52 年判決

### (1) 事実の概要

X 会社は昭和 48 年 12 月 18 日，プレス機械 3 台を訴外 A 会社に代金 637 万 7,000 円で売り渡した。本件売買契約において，代金は昭和 49 年 1 月から昭和 51 年 6 月までの月賦払いとすること，代金完済まで本件機械の所有権を X に留保することが合意された。昭和 49 年 10 月 3 日，メッキ業を営む Y は A に対して 2,000 万円を貸し付けると同時に，本件機械を含む機械 18 台を譲渡担保として A 会社から譲り受けた。その後も A は引き続き本件機械を使用するとともに，X に対して割賦金の支払いを続けていたが，昭和 50 年 8 月 10 日に A は倒産したため，同日以降の割賦金を支払うことができなくなった。なお，A の倒産後，本件機械を Y が占有している。そこで X は，Y に対して所有権に基づき本件機械の引渡しを請求した。これに対して，Y は本件機械の即時取得を主張して X の請求を争った。

### (2) 判旨

東京地裁昭和 52 年判決は以下のように判示して，X の請求を認容した。

「本件物件のように価格の高い設備機械は，所有権留保約款付で，代金は割賦払いの約定で売買されるのが通常であることが認められ，そのことは，メッキ業を営む Y も当然知っておくべきことというべきであるから，Y が本件機械を取得するに際し，訴外 A より本件機械の売買契約書や代金の領収証の提出を求めてその所有権の帰属についての調査をすることなく，本件物件が訴外 A の所有と信じたことには過失があるといわなければならな

---

169) 占有改定による即時取得を否定する主な裁判例として，大判大正 5 年 5 月 16 日民録 22 輯 961 頁，最判昭和 32 年 12 月 27 日民集 11 巻 14 号 2485 頁，最判昭和 35 年 2 月 11 日民集 14 巻 2 号 168 頁など。

い。」

(3) 考察

留保売主 X が，留保買主 A から留保目的物を譲渡担保として譲り受けて占有している Y に対して，目的物の引渡しを請求した事案である。Y は目的物の即時取得を主張したが，東京地裁は目的物を A の所有と信じたことについて Y に過失があるとして X の請求を認容した。本判決から，下級審においても大審院昭和 13 年判決と同様に，所有権留保と譲渡担保の競合は，留保買主から目的物を譲渡担保として譲り受けた者の即時取得の問題として処理されていたことが分かる[170]。

## 4．裁判例③——最高裁昭和 58 年判決
(1) 事実の概要

Y は昭和 47 年 6 月 12 日，Y が経営する店舗の賃借権，敷金返還請求権，電話加入権，営業権及び店舗内に備え置かれてあった動産を，訴外 A に代金 500 万円で売り渡した。本件売買契約において，A は代金のうち 100 万円を即時に支払い，残金 400 万円を毎月 20 万円ずつ分割

---

[170] 留保目的物に対する即時取得について，判例は譲受人の過失を理由に否定するものが多く，容易には認められないとされている（主なものとして，最判昭和 42 年 4 月 27 日判時 492 号 55 頁，最判昭和 44 年 11 月 21 日判時 581 号 34 頁など）。その理由として，林ほか編・前掲注125) 715-716 頁〔小山泰史〕は，「①問題となっている所有権留保売買の目的物が，建設・工作機械等であり，このような物件は高価であるが故一般的に割賦販売で取引され，売主に所有権が留保されるのが通常であって，占有をしている者が所有権を取得していないことも少なくないこと，②登場する第三者は，古物商，質屋等の金融業者，売主と同業の取引業者・土木業者等であって，第一の事情に精通しており，故に，代金受領証，あるいは業界慣行に詳しいものであれば譲渡証明書（特に建設機械について）等を確認して所有権の所在を調査しない以上，192 条の過失ありとされること（調査確認すべき注意義務の懈怠）等」を指摘している。この点については，石口・前掲注130) 293-294 頁も参照。

## 第3章　所有権留保と譲渡担保の競合

してYに支払うこと，Aが代金を完済するまで売主Yは売買の目的である賃借権等及び本件動産の所有権を留保することが合意された。昭和48年1月27日，Aは本件動産の代金を完済していなかったにもかかわらず，Xに対して本件動産を譲渡担保として提供し，300万円を借り受けた。なお，その際にXは占有改定により本件動産の引渡しを受けただけであり，Aは引き続き本件動産を営業用品として使用していた。その後，AはYに対する代金の支払いを怠るようになり，昭和49年5月9日当時の未払い残代金は120万円であった。そこでXは同日，Yに対して電話で，「Aから本件動産を担保に取っている者だが，もしAに残債務があればXが支払うので知らせてくれ」と問い合わせたところ，Yから回答を得た。そのため，さらにXはYに対して，XがAに残債務額を確認してくるまでの間，本件動産の処分を猶予するように要請したところ，Yはこれに応じるかのような態度を示した。もっとも，YはXに対して，破約した場合には損害賠償責任を負うという法的意味を有するような約束をしたわけではない。同年5月10日，YはXに通知することなく，売買の目的である賃借権等及び本件動産を訴外Bに代金150万円で売り渡し，本件動産を現実に引き渡した（その後，Bは同年6月6日，賃借権等及び本件動産を訴外Cに代金300万円で売り渡した。）。数日後，XはYに対して同月16日に残債務を支払う旨を申し入れたが，Yは既にBに対して本件動産を引き渡していたため，本件動産についての譲渡担保権を取得することができなくなった。そこでXはYに対して，Yの行為は債務不履行または不法行為に当たるとして，喪失した譲渡担保権相当の損害賠償を請求した。

　1審（福井地判昭和54年2月27日金判684号11頁）は，Xの本件物件についての所有権の承継取得の主張を否定した上で，即時取得の主張についても「Xは本件物件につき現実の引渡しを受けた旨主張するが，Xが本件物件についての実力的支配の移属を受けたことを認めるに足りる証拠はなく，Xの本件物件に対する占有の承継は占有改定に

よるものであることはXの主張自体から明らかであり，しかして，占有改定は一般外観上従来の占有事実の状態に変更を生じていないものであるから，善意者の動的な取得利益は原所有者の静的な保持利益を破りえないものと考えるので，即時取得の要件たる占有には占有改定は含まれないものと解するのが相当であ」るとして否定し，Xの請求を棄却した。

これに対して，2審（名古屋高判昭和56年3月30日金判684号6頁）は「Xは，本件動産につき，Yに対して主張しうる譲渡担保権を取得していないにとどまり，Aとの間では，譲渡担保権設定契約が有効に成立しているのであるから，Aが本件動産につき所有権を取得することを条件として，それにつき譲渡担保権を取得する地位にあったということができ，右の地位は，法的保護に価する利益であるというべきである。（中略）所有権留保売買は，法的には目的物の所有権が売主に留保されているが，経済的実質的には売主の代金債権の担保が目的である。しかるところ，（中略）所有権留保売主が，買主側の第三取得者から残代金全額の支払方の交渉を受け，遠方に住む買主にその額を確かめる間目的物の処分を待ってくれるよう要請されて，それに応ずるかのような態度を示しておきながら，より有利な処分先を見つけて，右第三取得者に対し容易に催告又は予告をすることができ，それをした場合，右第三取得者が支払うべき清算金額が若干増加しても支払いを受けられる見込があるのにもかかわらず，敢て目的物を処分し，それにより右第三取得者の目的物についての利益をすべて喪失させた行為は，権利の濫用であり許されない」と判示して，Yは不法行為責任を免れないとしてXの請求を一部認容した。

このためYは「Aが代金を完済しないためにYの所有に帰属している本件動産をYが処分したとしてもXに対する権利を侵害したことにならないし，訴外Aが所有権を喪失している本件動産について，Xが譲渡担保権を取得しえないことも明白であるから，YがXに対し損害

賠償の責任を負担する理由は何ら存しない」と主張して上告した。

(2) 判旨

最高裁昭和 58 年判決は以下のように判示して原判決を破棄し，X の請求を棄却した。

「Y と X 間の法律関係をみると，Y は買主である A が代金の分割払を怠ったため本件売買契約の目的である賃借権等及び本件動産を何時でも他に処分することができる権利を有していたのに対し，X は Y が右の処分をする前に残代金を提供しなければ Y に対し本件動産についての譲渡担保権を主張できない立場にあったことが明らかであるが，更に原審の認定するところによると，X が Y に右の処分を暫く猶予するよう要請したのに対し，Y はこれに応じるかのような態度を示したものの，猶予する旨を約束するまでには至らなかったというのであるから，Y と X 間の前記の法律関係にはなんらの変更も生じなかったものといわなければならない。したがって，Y がその処分をしても，X が Y の右の態度に信頼した結果支出した費用につきこれを損害として賠償すべきであるか否かの問題が生じることはあっても，もともと Y に対して主張できない譲渡担保権についてその侵害があったものということはできないから，X は Y に対し譲渡担保権の喪失を損害としてその賠償を請求することはできないものといわなければならない。」

(3) 考察

代金完済前の留保買主 A から留保目的物を譲渡担保として提供された X が，留保売主 Y に対して，X が A の残債務を代わりに支払うので A に残債務額を確認してくるまでの間目的物の処分を猶予するように要請したところ，Y はこれに応じるような態度を示したが，その後 Y は X に通知することなく目的物を訴外 B に売却したため，X が Y に対して，X が喪失した譲渡担保権相当の損害賠償を請求した事案である。

原審は，Yの行為は権利濫用でありYは不法行為責任を免れないとして，Xの請求を一部認容した。しかしながら最高裁は，Yには目的物を何時でも処分することができる権利があった一方で，XはYに対して譲渡担保権を主張できない立場にあった以上，YによるXの譲渡担保権侵害があったとはいえないと判示してXの請求を棄却した。

　本判決は，所有権留保と譲渡担保の競合について判示した最初の最高裁判決である。また，前掲の大審院昭和13年判決が専ら留保買主から譲渡担保として留保目的物を提供された者の即時取得を問題としたのとは異なり，本判決及び原審判決は，留保売主と当該第三者の法律関係について，より明確に判示した点が特徴的である。この点について，原審判決はXが留保目的物に対してあたかも期待権を有するかのように構成することにより，Xの存在を認識している留保売主Yの所有者としての権利行使を制限する一方で，本判決はXの譲渡担保権者としての地位は留保売主Yに対して主張することができないとして，仮にYがXの存在を認識していたとしても，Yの所有者としての権利行使は制限されないとした[171]。

　多くの学説は，本判決が所有権留保の法的構成について所有権的構成を採用していることを前提として[172]，本判決によると，留保買主は留保目的物に対して譲渡担保権を設定することができず，留保買主から留保目的物を譲渡担保として提供された者は，留保目的物に対する如何なる権利も取得することができないことが明らかにされたと理解している[173]。このような理解を前提とした上で，本判決のような結論に対しては批判的な学説が多い[174]。その理由としては，目的物の残余価値について担保化の道を開き，留保買主に金融の便宜を与えることが合理的であること[175]，本判決の結論はXの犠牲においてAの一般債権者を利するものであり妥当ではないこと[176]，所有権留保も譲渡担保も担保

---

171) 松本・前掲注167) 591-592頁。

目的で設定された権利であるため，担保目的以上の権利を付与する必要性が乏しいことが指摘されている[177]。そこで学説においては，留保目的物の価値が留保売主の被担保債権額を上回る場合には，本件事案におけるＸのような者であってもその差額について有効にこの交換価値を担保として取得し得るとする見解や[178]，Ｘの請求を全面的に退けた本判決は硬直的であり，ＹのＡに支払うべき清算金額をＸに保障すべきとする見解[179]，より端的に所有権留保を第一順位，譲渡担保を第二順位の担保権として取り扱うべきとする見解が存在する[180]。

　以上のような多数説の理解に対して，本判決は留保買主による留保目

---

172) 一般論としては，所有権留保と譲渡担保の競合において，所有権留保の法的構成につき所有権的構成を採用すると，留保目的物の所有権は売買代金の完済まで留保売主に全面的に帰属するため，留保買主による留保目的物に対する譲渡担保権の設定は認められず，所有権留保と譲渡担保の競合関係は発生しない。これに対して，担保的構成を採用すると，所有権留保は譲渡担保よりも先に成立していることから，留保売主が優先するという点は所有権的構成の場合と変わらないものの，留保買主から留保目的物を譲渡担保として提供された者にも何らかの権利（具体的には学説によって異なるが，物権的期待権または第二順位の担保権など）が認められることとなる。なお，譲渡担保権を第二順位の担保権とする見解によると，まさに所有権留保と譲渡担保が「競合」するということができる。松本・前掲注 167) 591-592 頁，吉田・前掲注 167) 76 頁，古積・前掲注 114) 121-122 頁，渡辺・前掲注 167) 158-160 頁，田髙・前掲注 11) 296-297 頁，柚木ほか編・前掲注 126) 721-722 頁〔福地俊雄・占部洋之〕。

173) 半田・前掲注 127) 82-83 頁，鈴木・前掲注 167) 48-49 頁，松本・前掲注 167) 591 頁，古積・前掲注 114) 121 頁，林ほか編・前掲注 125) 717-718 頁〔小山泰史〕，柚木ほか編・前掲注 126) 721-722 頁〔福地俊雄・占部洋之〕。

174) 半田・前掲注 127) 83-85 頁，鈴木・前掲注 167) 49 頁，田髙・前掲注 11) 298 頁，柚木ほか編・前掲注 126) 722 頁〔福地俊雄・占部洋之〕。

175) 半田・前掲注 127) 84 頁。

176) 鈴木・前掲注 167) 49 頁。

177) 吉田・前掲注 167) 77 頁，田髙・前掲注 11) 298 頁，柚木ほか編・前掲注 126) 722 頁〔福地俊雄・占部洋之〕。

178) 半田・前掲注 127) 84-85 頁。

179) 鈴木・前掲注 167) 49 頁。

180) 吉田・前掲注 167) 77 頁。

的物に対する譲渡担保権の設定自体を否定したものではなく,「将来取得する物に対する譲渡担保を現時点で契約することは可能であることを前提に,『代金が完済されるまでは買主に処分権がないため売主に対抗できない』とされているに過ぎない[181]」とする見解も存在する。

## 5. 裁判例④——東京地裁平成5年判決
### (1) 事実の概要

Xは平成3年8月9日,Y会社との間で消費貸借契約を締結して110万円を借り受けた。本件消費貸借契約において,返済期限を同年9月7日とする(ただし,Xは利息を支払うことによって1回のみ,1ヶ月を超えない期間返済期限を延長できる)こと,利息を月利4.5%とすることが合意された。また,Xは同日,本件貸金債務を担保するため,自動車をYに対して譲渡担保として提供し,Yに引き渡した。しかしながら,本件自動車の所有権はXに対する売主である訴外A会社に売買代金債権(569万円)の担保目的で留保されており,XはAに対して売買代金を分割弁済中である。Xの代理人Bは同年9月7日,返済期限の延長を求める目的でYに電話をしたが応答がなかった。このため,同年9月9日にBはY方において,本件貸金の利息金49,500円の支払いの申し出をして返済期限の延長を求め,同時にもし延長が認められないのであれば本件貸金の元金を返済するので本件自動車を返還するよう

---

[181] 田村・前掲注127) 329-330頁。また,同330頁は,「譲渡担保の設定の可否が直ちに所有権の帰属,あるいは所有権留保の法律構成を結論づけるものではない」として,この問題の結論を所有権留保の法的構成の議論と結びつけることに否定的である。なお,田髙・前掲注11) 298頁も,「留保売主が取得する額を控除した部分について,譲渡担保権の設定は認められてもよいと思われる。この結論については,所有権留保を停止条件付譲渡と解する判例の立場にあっても成り立ちうるものであることは,ドイツの判例理論によっても明らかであろう」としており,所有権留保の法的構成に関係なく,留保目的物に対する譲渡担保権の設定が認められ得ることを示唆している。

に催告したが、Yは同日既に本件自動車を譲渡担保権の実行として訴外Cに代金140万円で売却しており、その受領を拒絶した。その後も、Bは同年9月13日から平成4年4月頃にかけて、Yに対して電話で元利金の支払いの申し出及び本件自動車の返還の催告をしたが、Yはこれに応じなかった。そこで、Xは平成4年6月4日に元利金114万9,500円を供託した上で、Yの譲渡担保権は本件供託によって消滅したと主張して、受戻権に基づきYに対して本件自動車の引渡しと引渡し不能の場合の損害賠償を請求した。

(2) 判旨

東京地裁平成5年判決は以下のように判示して、Xの請求を認容した。

「本件譲渡担保権の法律的性質について検討するに、譲渡担保権は外部的に権利を移転することにより成立するのであるから、原則として譲渡が不可能な権利について譲渡担保権を設定することはできない。本件自動車にはXに対する売主であるAの所有権が留保されているのであるから、この留保されている所有権についてXが処分権を有するものではなく、本件自動車の所有権を対象とする譲渡担保権が成立するものではない（中略）。Yは譲渡担保権の対象として『利用権』を主張するのであるが、その実体はつまるところXとAとの間の契約により生じる使用権能である。そして、この使用権能は所有権留保特約付売買の買主たる地位に基づくものであり、この契約上の地位と『利用権』とは一体のものとみるべきであるから、この契約上の地位の移転なくして『理由権』(ママ)のみ譲渡可能とは解されない。このように解しないと所有権留保特約付売買の買主は売買代金の支払いが終わっても所有権を取得し得ず、『利用権』取得者が売買代金の支払いもしないのに所有権を取得するに等しいことになってしまう。この場合でも、『利用権』の譲渡代金が相応の額であれば問題は生じないが、本件のように自動車の価格に比して『利用権』の譲渡代金が低廉な場合には、不当なこ

とが明らかである。(中略) したがって，本件譲渡担保は無効のものであり，YはXに本件自動車を返還すべき義務がある。また，仮に本件譲渡担保権が本件自動車の『利用権』の譲渡担保として有効なものであるとしても，Xは，Yから本件譲渡担保権について精算金(ママ)の提供もしくは精算金(ママ)はない旨の通知を受けるまではいつでもそのときまでの元利金の提供をして本件自動車を受戻すことができるものというべきところ，本件証拠上，Yが前記認定のXの提供もしくは供託以前に精算金(ママ)の提供もしくは精算金(ママ)はない旨の通知をした形跡はないから，Xが本件譲渡担保権の被担保債権について提供をした以上，YはXに本件自動車を返還すべき義務がある。」

(3) 考察

留保買主Xが，留保売主Aから所有権留保特約付きで購入した目的物を，代金完済前にYに対して譲渡担保として提供したところ，Yが目的物を譲渡担保権の実行として第三者に売却したため，Xは元利金を供託した上で譲渡担保権の消滅を主張し，受戻権に基づきYに対して目的物の引渡しと引渡し不能の場合の損害賠償を請求した事案である。東京地裁は，留保売主Aに留保されている所有権についてXは処分権を有さないため，目的物の所有権を対象とする譲渡担保権は成立せず，またYが主張するような「利用権」を対象とする譲渡担保権の設定も，目的物の使用権能は所有権留保売買の買主たる地位に基づくものであり，契約上の地位と一体のものであるから，契約上の地位の移転なしで「利用権」のみ譲渡されることはできないと判示し，本件譲渡担保契約は無効であるとしてXの請求を認容した。

本判決によって，判例は留保買主による留保目的物への譲渡担保権の設定を認めないということがより明確に示されたと理解する見解が存在する[182]。これに対して，本件事案においては，目的物が譲渡担保権者に現実に引き渡された（所謂「譲渡質」）上に，既に譲渡担保権者に

---

[182] 林ほか編・前掲注 125) 717-718 頁〔小山泰史〕。

よって処分されていること,目的物が自動車であり,本件のような現実の引渡しを伴う譲渡担保は,自動車抵当法20条が禁じている質権設定との関係で脱法行為的であることなどを理由に,本判決の一般化には慎重な見解も主張されている[183]。

## 6. 裁判例⑤——最高裁平成30年判決
### (1)事実の概要

Y会社と訴外A会社は,平成22年3月10日,YがAに対して金属スクラップ等を継続的に売却する旨の契約(以下「本件売買契約」という。)を締結した。本件売買契約において,YからAへの目的物の引渡しは,原則として,AがYの子会社から定期的に目的物を収集することにより行われること,AはYから引渡しを受けた目的物を受領後速やかに確認して検収すること,Yは検収に係る目的物について,毎月20日締めで代金をAに請求し,Aは上記代金を翌月10日にYに支払うこと,目的物の所有権は,上記代金の完済をもって,YからAに移転する(以下,この定めを「本件条項」という。)ことなどが合意された。また,YはAに対して,本件売買契約に基づき売却した金属スクラップ等の転売を包括的に承諾しており,AはYから当該金属スクラップ等の引渡しを受けた直後にこれを特定の業者に転売することを常としていた。

他方,金融機関XとAは,平成25年3月11日,極度額を1億円として,Aからの個別の申込みに応じてXがAに融資を実行する旨の契約を締結し,上記契約によりXがAに対して現在及び将来有する債権を担保するため,Xを譲渡担保権者,Aを譲渡担保権設定者とする集合動産譲渡担保設定契約(以下「本件設定契約」といい,これによって設定された譲渡担保権を「本件譲渡担保権」という。)を締結した。本件設定

---

183) 渡辺・前掲注167)163-164頁,田村・前掲注127)332頁。

契約において，譲渡担保の目的は，非鉄金属製品の在庫製品，在庫商品，在庫原材料及び在庫仕掛品（以下，これらを併せて「在庫製品等」という。）で，Ａが所有し，静岡県御殿場市内の工場（以下「本件工場」という。）及び精錬部で保管する物全部とすること，本件設定契約の締結の日にＡが所有し上記の保管場所で保管する在庫製品等については，占有改定の方法によってＸにその引渡しを完了したものとすること，上記の日以降にＡが所有権を取得することになる在庫製品等については，上記の保管場所に搬入された時点で，当然に譲渡担保の目的となることなどが合意された。そして，本件譲渡担保権に係る動産の譲渡については，平成25年3月11日，動産譲渡登記がされた。

　Ｙは，平成26年5月20日までにＡに対して本件売買契約に基づき売却した金属スクラップ等については，一部を除いて同年6月10日までにＡから代金の支払いを受けたが，平成26年5月21日から同年6月18日までに売却した金属スクラップ等については，ＹはＡから代金の支払を受けることなく，Ａは平成26年6月18日，Ｙを含む債権者らに対して，事業を廃止する旨の通知をした。Ｙは，平成26年11月，Ａを債務者として，本件工場で保管されている金属スクラップ等につき，本件条項により留保している所有権に基づいて，動産引渡断行の仮処分命令の申立てをし，平成27年1月13日，上記申立てを認容する旨の決定（以下「本件仮処分決定」という。）がされたため，Ｙは，平成27年1月20日及び21日，本件仮処分決定に基づき，本件工場で保管されていた金属スクラップ等を引き揚げ，その頃これを第三者に売却した。なお，上記金属スクラップ等の一部には，ＡがＹに対して代金を完済したものが含まれていた（以下，上記金属スクラップ等のうち上記の代金の完済に係るものを除いたものを「本件動産」という。）。そこでＸはＹに対して，金属スクラップ等の引揚げ及び売却がＸに対する不法行為に当たるとして5,000万円の損害賠償金及び遅延損害金の支払いを請求し，選択的に，これによってＹが得た利益は不当利得に当たるとして

同額の不当利得金の返還及び民法704条前段所定の利息の支払を請求した。

1審（東京地判平成28年4月20日金判1562号33頁）は，「目的物の所有権は，代金の完済までは移転しないことになるのであるから，代金が完済されていない本件動産について，Aがその所有権を取得したものと認めることはできない。したがって，本件譲渡担保は，Aの所有しない本件動産に係る部分については無効であるといえるから，Xが，本件動産についての譲渡担保権をYに対して主張することはできない。」「本件動産について，Aに完全な所有権が移転した上で，AがYのために担保権を設定したともいえないから，AからYへの物権変動があったとはいえず，その点でも，XとYとは対抗関係に立つものではなく，Yは，仮に対抗要件を具備していないとしても，Xに対し，自らの留保所有権を主張することができる」と判示して，Xの請求を棄却した。

これに対して，2審（東京高判平成29年3月9日金判1562号26頁）は，「本件所有権留保は，本件売買契約に基づく引渡しの時点で成立し，Aによる代金の完済により消滅することとなり，一方で，Xは，本件動産について，代金が完済された部分を除き有効な動産譲渡担保権を取得せず，Yは，対抗要件の具備なくして本件所有権留保をXに主張することができる。したがって，X主張の損害又は損失は，本件動産のうち，上記代金の完済につきXが立証した部分について認められ，その余の部分については認められないこととなる」と判示して，Aにおいて代金を支払済みであった部分の金額177万7,154円についてのみ，不法行為に基づくXの損害賠償請求を認容した[184]。

---

[184] 白石大「判批」金法2096号7頁（平成30年）の（注1）は，「実質的には控訴棄却判決とみることができる」と指摘する。このほか，2審判決について検討を行った文献として，進士肇「判批」金法2093号4-5頁（平成30年），古澤拓「判批」金法2099号68-69頁（平成30年）などが存在する。

これに対して，Xは，本件売買契約において，本件条項に基づきYが本件動産の所有権を留保することは本件動産の所有権をYからAに移転させた上でAがYのために担保権を設定したものとみるべきである旨を主張して上告した。

(2) 判旨
　最高裁平成30年判決は以下のように判示して，Yの上告を棄却した。

「本件売買契約は，金属スクラップ等を反復継続して売却するものであり，本件条項は，その売買代金の支払を確保するために，目的物の所有権がその完済をもってYからAに移転し，その完済まではAに留保される旨を定めたものである。」
「本件売買契約では，毎月21日から翌月20日までを一つの期間として，期間ごとに納品された金属スクラップ等の売買代金の額が算定され，一つの期間に納品された金属スクラップ等の所有権は，上記の方法で額が算定された当該期間の売買代金の完済までYに留保されることが定められ，これと異なる期間の売買代金の支払を確保するためにYに留保されるものではない。上記のような定めは，売買代金の額が期間ごとに算定される継続的な動産の売買契約において，目的物の引渡しからその完済までの間，その支払を確保する手段を売主に与えるものであって，その限度で目的物の所有権を留保するものである。」
「また，Yは，Aに対して金属スクラップ等の転売を包括的に承諾していたが，これは，YがAに本件売買契約の売買代金を支払うための資金を確保させる趣旨であると解され，このことをもって上記金属スクラップ等の所有権がAに移転したとみることはできない。」
「以上によれば，本件動産の所有権は，本件条項の定めどおり，その売買代金が完済されるまでYからAに移転しないものと解するのが相当である。したがって，本件動産につき，Xは，Yに対して本件譲渡担保権を主張す

ることができない。」

(3) 考察

留保買主Aが留保目的物の売買代金を支払うことなく事業を廃止したため，留保売主Yが留保目的物を引き揚げて第三者に売却したところ，留保目的物を集合動産譲渡担保の目的物としていたXがYに対して，不法行為に基づく損害賠償等を請求した事案である。最高裁は，原審と同様に，売買代金が完済されるまで留保目的物の所有権はYからAに移転しないため，XはYに対して留保目的物に対する譲渡担保権を主張することができない旨を判示して，Xの上告を棄却した。

本判決は，最高裁昭和58年判決に言及していないが，留保目的物に対する譲渡担保権は留保売主に対して主張し得ないとする判断を最高裁として改めて示したものと評価することができる。また，最高裁昭和58年判決は個別動産譲渡担保の事案であるのに対して，本判決は集合動産譲渡担保の事案であるが，このような相違点は所有権留保が譲渡担保に優先するという結論に影響を与えないことも本判決によって明らかにされたものと思われる[185]。

もっとも，本判決は留保買主による留保目的物に対する譲渡担保権の設定自体の可否について明確には判示していないため，この点については最高裁昭和58年判決と同様に，学説において見解が分かれるであろう[186]。

---

185) 印藤弘二「判批」金法2106号5頁（平成31年）は，「所有権留保が集合動産譲渡担保に優先するとした本判決の結論は，従前の通説・実務に沿ったものといえる」と指摘する。

186) これに対して，1審判決は「本件譲渡担保は，Aの所有しない本件動産に係る部分については無効である」，また2審判決は「Xは，本件動産について，代金が完済された部分を除き有効な動産譲渡担保権を取得せず」とそれぞれ判示していることから，1審及び2審判決は，留保買主による留保目的物に対する譲渡担保権の設定自体が認められないことを前提としていると理解すべきであろう。

## 7. 本節の小括

本節においては，日本における所有権留保と譲渡担保の競合について検討した。所有権留保と譲渡担保の競合について判示した日本の裁判例には，複数のものが存在するが，この問題について論じた文献は，これまでに検討した他の競合類型と比較して少ないため，主要な裁判例の検討を中心に行ってきた。

所有権留保と譲渡担保の競合について判示した最初の裁判例である大審院昭和13年判決は，留保目的物の所有者は留保売主であり，留保買主は無権利者であることを前提に，留保買主から留保目的物を譲渡担保として提供された者は，即時取得の要件を満たさない限り，目的物に対する一切の権利を取得することができないと判示して，専ら即時取得の問題として処理した。東京地裁昭和52年判決も同様の結論である。

その後，最高裁昭和58年判決は，留保買主から留保目的物を譲渡担保として提供された者の譲渡担保権者としての地位は留保売主に対して主張することができないとして，仮に留保売主がこのような者の存在を認識していたとしても，留保売主の所有者としての権利行使は制限されない旨を判示した。多くの学説は，本判決によると，留保買主は留保目的物に対して譲渡担保権を設定することができないという理解を前提とした上で，本判決の結論に対して批判的である。これに対して，本判決は留保買主による留保目的物に対する譲渡担保権の設定自体を否定したものではないと理解する見解も主張されている。

また，その後の下級審裁判例である東京地裁平成5年判決は，留保買主による留保目的物への譲渡担保権の設定を認めないということをより明確に判示している。もっとも，本判決については，下級審裁判例であることに加えて，その事案の特殊性から，一般化には慎重であるべきとする見解も存在する。

さらに近年，最高裁平成30年判決は，所有権留保と集合動産譲渡担保の競合事案において，最高裁昭和58年判決と同様の判断を改めて示

第 3 章　所有権留保と譲渡担保の競合

した。

まとめ

　本章においては，所有権留保と譲渡担保の競合について，ドイツと日本の法状況をそれぞれ検討してきた。

　ドイツにおいては，所有権留保と譲渡担保の競合としてではなく，留保買主が留保目的物に対して有する期待権を譲渡担保として提供したものとして議論されている。判例によると，留保買主の期待権は目的物の所有権と同等の強い譲渡性を有するものとされており，このような期待権の譲渡可能性は，留保買主と留保売主との間の譲渡禁止特約によっても排除され得ないが，期待権の存続は原則として売買契約の存続に依存するため，期待権の取得者が期待権の存続に関して得られる保護は限定的であるとされている。これまでに確立された一連の判例法理に基づいて，留保買主が売買代金の完済前に留保目的物を資金調達のために利用するための手段として，留保目的物の期待権を第三者に対して譲渡担保として提供することが実務において一般的に行われている。

　他方，日本において，所有権留保と譲渡担保の競合について判示した裁判例は複数存在するが，この問題について詳細に検討した日本の文献は少なく，これまでに検討した他の競合類型と比較して，活発な議論が行われているとは言い難い。この問題について判示した最初の裁判例である大審院昭和 13 年判決は，留保買主が無権利者であることを前提として，留保買主から留保目的物を譲渡担保として提供された者が即時取得の要件を満たすか否かを問題とした。東京地裁昭和 52 年判決も，大審院昭和 13 年判決と同様に，即時取得の問題として処理したが，最高裁昭和 58 年判決は，留保売主と譲渡担保権者の法律関係について，より明確に判示し，留保買主から留保目的物を譲渡担保として提供された

115

者の譲渡担保権者としての地位は留保売主に対して主張することができないとした。多くの学説はこの結論に批判的であるが、本判決が留保買主による留保目的物に対する譲渡担保権の設定自体を否定したか否かについては、見解が分かれている。また、その後の下級審裁判例である東京地裁平成5年判決は、特殊な事案ではあるものの、留保買主による留保目的物への譲渡担保権の設定を認めないということをより明確に判示している。さらに近年、所有権留保と集合動産譲渡担保の競合事案である最高裁平成30年判決において、最高裁昭和58年判決と同様の判断が改めて示されている。

　以上の検討から、ドイツにおいては、期待権の譲渡担保という形で、留保買主は売買代金の完済前に留保目的物が有する担保価値を利用することが一連の判例法理によって明確に認められている一方で、日本においては、留保買主による留保目的物の担保利用を正面から認めた裁判例は存在せず、学説上の理解も一致していないことが分かる。

# 第4章

# 私　見

# 序　論

　本書においては，非占有動産担保の競合のうち，日本の判例及び学説上問題とされている競合類型として，第1章では複数の譲渡担保の競合，第2章では譲渡担保と動産先取特権の競合，第3章では所有権留保と譲渡担保の競合について，それぞれドイツと日本の法状況を比較検討してきた。これらの検討を踏まえて，本章においては，各競合類型ごとに，競合する担保権者間の法律関係についての私見を提示する。

　なお，各競合類型ごとの私見の提示に先立って，本章における私見と非典型担保の法的構成に関する学説上の議論との関係について付言しておく。従来，日本の学説において，非占有動産担保の競合は，非典型担保の対外的効力の問題の1つとして，非典型担保の法的構成と結びつけて議論されてきた。しかしながら，近時の学説は，非典型担保の法的構成に関する議論を出発点として個別の問題に関する結論を導き出す方法に批判的である[187]。また，これまでの検討からも分かるように，いずれの競合類型においても，その結論を非典型担保の法的構成と結びつけることには慎重な見解が有力に主張されている。したがって，以下の私見における非典型担保の取り扱いは，非占有動産担保の競合という場面における法律関係の解釈に限定されるものであり，一般論としての非典型担保の法的構成について論じるものではないことに注意が必要である。

---

187) 譲渡担保については，千葉恵美子「被担保債権の弁済期後における不動産譲渡担保権者・設定者の法的地位――譲渡担保論のパラダイム転換を目指して」松浦好治・松川正毅・千葉恵美子編『市民法の新たな挑戦　加賀山茂先生還暦記念』295頁（信山社，平成24年），田髙・前掲注56）258頁，所有権留保については，田村・前掲注127）330頁，鈴木尊明「所有権留保特約の解釈とその実行――民事再生手続における別除権行使が問題となった近時の判決を素材にして――」早稲田法学会誌64巻2号448-449頁（平成26年）。

## 第1節　複数の譲渡担保の競合

複数の譲渡担保の競合において検討されるべき点は，①譲渡担保の重複設定の可否，②後順位譲渡担保権者が有する権利内容の2点である。

①譲渡担保の重複設定の可否
　この問題について検討する出発点として，複数の譲渡担保の競合について判示した最高裁平成18年判決をどのように理解するかが重要となる。既に第1章第2節の4で検討したように，学説上は様々な見解が主張されているが，私見としては以下の理由から，本判決は譲渡担保の重複設定を肯定したものと考える。
　まず第一に，本判決が用いている文言に着目する。本判決において，「重複して譲渡担保を設定すること自体は許される」「劣後する譲渡担保」「後順位譲渡担保権者」などの文言が用いられていることから考えると，本判決は譲渡担保の重複設定を肯定したものと理解するのが自然であり，かつ文言に忠実な解釈であると思われる。
　第二に，仮に譲渡担保の重複設定を否定するのであれば，目的物の所有権移転という譲渡担保の法形式を重視し，設定者には目的物に対する処分権がないことを理由として，単純に即時取得の問題として処理すればよかったはずである。とりわけ，本件において，結論としてはXの請求が棄却されていることを考えると，即時取得の問題とした上で，占有改定による即時取得は認められないという従来からの判例法理に従い[188]，Xによる即時取得の不成立を認定するだけでも同様の結論を得ることができた。それにもかかわらず，本判決はこのような法律構成を

---

188) 大判大正5年5月16日民録22輯961頁，最判昭和32年12月27日民集11巻14号2485頁，最判昭和35年2月11日民集14巻2号168頁など。

採用せずに，敢えて上記のような文言を用いたわけであるから，本判決をもって譲渡担保の重複設定を否定したと理解するのは不自然であろう。

　第三に，ドイツ法との比較である。第 1 章第 1 節において，複数の譲渡担保の競合に関するドイツの法状況を検討したが，ドイツにおいては，多重的譲渡担保の場合に譲渡担保権者は（領域譲渡担保の場合には少し特殊な取り扱いが存在するものの）必ず 1 人に決定され，凡そ「後順位譲渡担保権者」というものは観念されない。このことからも，最高裁平成 18 年判決が譲渡担保の重複設定を否定したと理解するのは無理があるということができる。

　第四に，譲渡担保の重複設定に否定的な見解として有力な「設定者留保権説」について言及しておく。この見解によると，最高裁平成 18 年判決は，後順位譲渡担保権者が設定者留保権を担保目的として取得していると考える説に親和的であるとする[189]。そもそも，本章序論において述べたように，抽象的な譲渡担保の法的構成論から個別具体的な問題を解決することには問題があると思われるが，この点を置いておくとしても，設定者留保権説では本判決を適切に説明することは困難である[190]。確かに，本件における X が 2 番目に譲渡担保権の設定を受けた者であれば，設定者留保権説でも説明することができるであろうが，X が譲渡担保権の設定を受けたのは 4 番目であり，X の前には A，B 及び C という 3 人の先順位譲渡担保権者が存在した。このような場合において，設定者留保権説で X が有する権利を説明しようとすると，X は「設定者留保権の設定者留保権の設定者留保権」を有するということとなるであろうが，説得力に欠け，適切な説明とは決して言い難いであ

---

[189] 道垣内・前掲注 59) 319 頁。また，調査官解説である宮坂・前掲注 42) 851 頁も参照。

[190] 同様の指摘をするものとして，田髙・前掲注 56) 277-278 頁。

ろう。

　以上の理由から，最高裁平成18年判決は，譲渡担保の重複設定を肯定したものと解釈するのが相当である。したがって，物権法一般の原則に従い，対抗要件具備の順序で優劣が決定され，本件においては，Aが第一順位，Bが第二順位，Cが第三順位，そしてXが第四順位の譲渡担保権をそれぞれ取得することとなる。このような結論の妥当性については，既に多くの学説において主張されている通り，設定者は後順位譲渡担保権の設定を通して，目的物が有する担保価値の有効利用が可能となることから，妥当であると考える。

　②後順位譲渡担保権者が有する権利内容
　最高裁平成18年判決は，後順位譲渡担保権者が有する権利内容について具体的に判示しなかったが，後順位譲渡担保権者による私的実行を明確に否定した。この点について，学説の評価は分かれているが，私見としては，以下の理由から，本判決と同様に，私的実行は第一順位の譲渡担保権者のみに認められるものであり，後順位譲渡担保権者による私的実行は否定されるべきであると考える。
　本判決は，後順位譲渡担保権者による私的実行を否定する理由として，「配当の手続が整備されている民事執行法上の執行手続が行われる場合と異なり，先行する譲渡担保権者には優先権を行使する機会が与えられず，その譲渡担保は有名無実のものとなりかねない」ことを挙げている。このような理由付けにはおおむね賛同することができるが，さらに別の理由として，後順位譲渡担保権者による私的実行により，第一順位の譲渡担保権者が有する権利内容が変質してしまうことも考えられる。確かに，先順位譲渡担保権者の優先弁済権を害さない範囲内で後順位譲渡担保権者による私的実行を認めるという見解にも，一定の説得力があるということができる。しかしながら，本来，第一順位の譲渡担保権者は，単に目的物から被担保債権の優先弁済を受けるということを越

第4章 私 見

えて，後順位譲渡担保権が設定されなければ，目的物をいつ換価するか，どのように換価するかなどについても，設定者との契約の範囲内で自由に決定することができたはずである[191]。先順位譲渡担保権者の優先弁済権を害さない範囲内とはいえ，後順位譲渡担保権者による私的実行を認めると，第一順位の譲渡担保権者が有していたこのような決定権が，設定者と後順位譲渡担保権者の行為によって一方的に奪われることとなり，第一順位の譲渡担保権者は後順位譲渡担保権の設定前と比較して不利な地位に置かれてしまう。このような形で第一順位の譲渡担保権者に生ずる不利益を正当化することは困難であろう。したがって，私的実行が可能なのは第一順位の譲渡担保権者のみとすべきであり，後順位譲渡担保権者による私的実行は否定されるべきである。

　それでは，後順位譲渡担保権者は如何なる権利を有すると考えるべきであろうか。既に検討したように，学説においては，後順位譲渡担保権者は，先順位譲渡担保権が弁済等によって消滅した場合に順位上昇の利益を受け得ること，先順位譲渡担保権の実行後に清算金から優先弁済を受け得ることが指摘されている[192]。前者については特に問題は生じないが，後者については具体的にどのような方法で後順位譲渡担保権者は清算金から優先弁済を受けることができるかが問題となる。先順位譲渡担保権者の協力が得られる場合には，後順位譲渡担保権者は清算金を設定者ではなく自己に直接支払うように求めることも可能であると思われるが，必ずしも先順位譲渡担保権者が協力的であるとは限らない。そこで，ドイツ法とは異なり[193]，日本においては譲渡担保権に基づく物上代位が判例上認められていることを利用して[194]，後順位譲渡担保権者は清算金請求権に対して物上代位権を行使することができると解するの

---

191) 田髙・前掲注56) 275頁は，「私的実行を確実にする（後順位譲渡担保権者によって私的実行のイニシアチブが奪われることのないような）効力が認められるべき」であるとしている。
192) 前掲注63) を参照。

がより現実的であると思われる。

## 第2節　譲渡担保と動産先取特権の競合

　譲渡担保と動産先取特権の競合において検討されるべき点は，①最高裁昭和62年判決の射程と問題点，②解決のための試論，③担保権の実行手続における取り扱いの3点である。

①最高裁昭和62年判決の射程と問題点
　最高裁昭和62年判決は，直接的には譲渡担保と動産売買先取特権の競合事案について判示したものである。しかしながら，本判決において適用された民法333条は，動産売買先取特権だけではなく，全ての動産先取特権に適用されるものである。したがって，本判決の射程は動産売買先取特権に限定されず，譲渡担保と動産先取特権が競合する全ての場合に及ぶものと解するのが相当である。

　本判決の射程について，以上のような理解を前提とすると，動産先取特権の目的物が譲渡担保として提供された場合には，譲渡担保権者は民法333条所定の第三取得者であるとされるため，譲渡担保権者のみが目的物に対する権利を行使することができ，他方，先取特権者は目的物に対する先取特権を失うこととなる。しかしながら，このような結論には以下のような問題点が存在する。

---

193) ドイツにおける支配的見解は，譲渡担保権に基づく物上代位（dingliche Surrogation）を否定する（Vgl. *Bankrechts-Handbuch/Ganter,* a.a.O.（Fn. 3），Rdnr. 60.）。また，この問題に関する日本の文献として，水津太郎「ドイツ譲渡担保法における代位法理――物上代位と代償的別除権」池田ほか編・前掲注3）331-356頁，水津・前掲注28）NBL1070号44-45頁。

194) 最決平成11年5月17日民集53巻5号863頁，最決平成22年12月2日民集64巻8号1990頁。

## 第 4 章　私　見

　まず第一に，民法 333 条の趣旨との関係が問題となる。民法 333 条の趣旨は，動産取引の安全を図るため，公示のない動産先取特権の追及力を制限するものであるところ[195]，真正売買の場合だけでなく譲渡担保の場合にも民法 333 条を適用することが，このような民法 333 条の趣旨に適合的であるか疑問である。とりわけ，最高裁昭和 62 年判決の事案においては，目的物を保管場所に搬入しただけで動産売買先取特権が消滅することとなるが，このような結果は上述のような民法 333 条の本来の趣旨に反するということができる。

　また，譲渡担保権の優先を基礎付けるために，民法 333 条に基づき目的物に対する動産先取特権を消滅させるという結論は，先取特権者の利益を完全に無視するものである。現在の取引社会において譲渡担保が重要な役割を果たしていることに異論はない。しかしながら，先取特権は，公平の見地，当事者の意思の推測，社会政策的配慮等の理由から要保護性の高い債権者に対して特別な保護を与えるために，その債権と密接に関係する一定の財産の上に認められた法定担保物権であり[196]，法解釈においてもその存在は軽視されるべきではない。

　この問題点と関連して，譲渡担保によって動産先取特権を消滅させることは，具体的には次のような不当な結果を招来する。すなわち，先取特権者は譲渡担保権者との関係において劣後する地位に置かれるだけではなく，後に譲渡担保権者の被担保債権が弁済されて譲渡担保権が消滅した場合や，譲渡担保権が実行されて清算金が発生した場合においても，既に民法 333 条に基づいて先取特権が消滅しているため，目的物や清算金に対して他の一般債権者と同等の地位しか有さないこととなる。譲渡担保権者との関係で先取特権者が劣後するとしても，一般債権者に

---

[195] 起草者の見解として，梅謙次郎『民法要義　巻之 2　物権編』364-367 頁（和仏法律学校，明治 29 年）。
[196] 先取特権の意義について，近江・前掲注 51）40 頁，道垣内・前掲注 59）47 頁。

対する優先性まで否定される理由はない。先取特権は一般債権者に対する優先権を法律上当然に認めるものである以上，少なくとも一般債権者に対する優先については可能な限り貫徹されるべきであろう。もっとも，一部の民法 333 条適用説においては，先取特権者は清算金に対する物上代位権を行使することができると主張する見解が存在するが，このような見解に対しては理論上の問題点が指摘されている[197]。また，譲渡担保権者の被担保債権が弁済されて譲渡担保権が消滅した場合においては，先取特権者が物上代位権を行使する余地はなく，譲渡担保権が実行された場合と比べて，より一層不利な立場に置かれる可能性がある点についても看過することができない[198]。本来，動産の先取特権者は，民法 333 条によって目的物に対する追及力が遮断される代わりに，民法 304 条に基づく物上代位権を行使することができ，このように民法 333 条と民法 304 条が結びつくことによって，動産取引の安全と先取特権者の利益の保護とが適切に調整される[199]。しかしながら，民法 333 条適用説を前提とした場合，先取特権者は目的物に対する権利を失うだけでなく，物上代位権の行使も困難であることは既に述べた通りであり，日本の民法典が本来予定している形で先取特権者の利益が保護されない以上，譲渡担保と動産先取特権の競合において，民法 333 条を適用することは適切ではない。

---

197) 中祖・前掲注 108) 12 頁，林・前掲注 112) 48 頁。これに対して，古積・前掲注 114) 118-119 頁は，「先取特権が譲渡担保の成立時点で追及効を失うとしながら，その後に譲渡担保の実行により生ずる清算金請求権について先取特権の物上代位を語ることは果たして可能であろうか。」と，疑問を呈している。
198) 民法 333 条に基づいて一度消滅した先取特権が，譲渡担保権の消滅によって復活すると考えることは，当然のことながら理論上困難であると言わざるを得ない。
199) 民法 333 条と民法 304 条の関係について，川地宏行「動産売買先取特権に基づく物上代位と債権譲渡の優劣」名古屋大学法政論集 227 号 333-334 頁（平成 20 年）が言及している。

第4章 私 見

　さらに，本章第1節において検討した，複数の譲渡担保の競合に関する最高裁平成18年判決との整合性が問題となる。本判決において，最高裁は設定者による譲渡担保の重複設定を許容し，その場合の順位は対抗要件具備の順序で決定される旨を判示した。複数の譲渡担保の競合も，譲渡担保と動産先取特権の競合も，非占有動産担保の競合であるという点に変わりはない。それにもかかわらず，複数の譲渡担保の競合においては，同一の目的物上に複数の担保権が存在することを認める一方で，譲渡担保と動産先取特権の競合においては，これを認めずに「全か無か」の判断をしており，このような判例の態度は一貫性を欠くように思われる。確かに，第2章序論において指摘した通り，譲渡担保と動産先取特権の競合は，非典型担保と典型担保の競合であるという点や，約定担保物権と法定担保物権の競合であるという点において，複数の譲渡担保の競合とは異なった特徴を有することを否定することはできない。しかしながら，このような相違点を理由として，両者の間でこのような別異の取り扱いをすることについて，合理的な理由があるかどうかは疑問である。

　以上のような問題点が存在することから，最高裁昭和62年判決をはじめとする民法333条適用説には，賛同することができない。

②解決のための試論──2つの方向性からの検討

　既に述べた通り，譲渡担保と動産先取特権の競合について，民法333条を適用して解決することは妥当ではない。この問題を解決するための方向性として，学説においては，先取特権の優先を広く肯定する見解（成立時説・先取特権優先説）と，民法334条を類推適用する見解の2つが主張されている[200]。そこで以下においては，これらの2つの見解の妥当性についてそれぞれ検討する。

　まず，先取特権の優先を広く肯定する見解は，ドイツの法状況と親和的である。既に検討したように，ドイツ法においては，譲渡担保と使用

賃貸人の質権の競合が問題とされている。通説によると，原則として両方の権利の成立の前後に従って優劣が決定される。また，領域譲渡担保の場合には，将来搬入される目的物については譲渡担保権と使用賃貸人の質権が同時に成立するため，従来から両者の優劣が議論されていたが，BGH 1992 年 2 月 12 日判決によると，立法者の意図を根拠として，使用賃貸人の質権を譲渡担保権に優先させた。しかしながら，領域譲渡担保に関する BGH 判決に対しては，説得力がないとして批判的な学説も依然として有力に主張されている[201]。また，日本においては，先取特権の順位は民法典において明確に規定されており，成立の前後に従って優劣を決定することはなじまない。ましてや，無条件に先取特権を優先させることには法的な根拠がなく，既に述べたような先取特権者の要保護性の高さを考慮しても，肯定することはできない。以上の理由から，先取特権の優先を広く肯定する見解は妥当ではない。

　そこで，譲渡担保と動産先取特権の競合を適切に解決するためには，先取特権と動産質権との競合に関する民法 334 条を類推適用することが妥当であると考える。この見解によると，譲渡担保権は第一順位の先取特権と同様に取り扱われることとなり，民法 330 条 1 項に規定された順位に従って譲渡担保権と先取特権の優劣が決定される。譲渡担保権の設定によって先取特権は消滅しないため，民法 333 条を適用する場合のように，先取特権が消滅する結果として，先取特権者が一般債権者と同等の地位に置かれるという問題点を回避することができる。それと同時に，このような見解は，譲渡担保の重複設定を許容した最高裁平成 18

---

[200] これ以外にも，民法 333 条の「引渡し」は占有改定を含まないと解釈することにより，先取特権の優先を試みることも理論上は考えられる（林・前掲注 112) 38-39 頁）が，民法 333 条の「引渡し」に占有改定が含まれることは既に確立した判例（大判大正 6 年 7 月 26 日民録 23 輯 1203 頁など）であり，最高裁昭和 62 年判決においても否定されている以上，このような主張は現実的ではない。

[201] *Fischer*, a.a.O. (Fn. 77), SS. 544-545.; *Gnamm*, a.a.O. (Fn. 82), SS. 2807-2808.

## 第4章 私　見

年判決の立場とも親和的であるといえる。

　もっとも，民法334条類推適用説に対しては，動産質権は占有担保であるため，非占有担保である譲渡担保権との類似性はないという批判が従来から存在する[202]。しかしながら，動産質権も譲渡担保権も動産を目的物とする約定担保であることに変わりはないのであるから，上記の批判がこのような主要な部分における類似性を無視して，占有担保か否かという点を殊更に強調して両者の類似性を否定しようとするのは，十分な説得力を有するものとはいえないであろう[203]。また，ドイツ法においても，譲渡担保と使用賃貸人の質権の競合について，有力な学説は譲渡担保権と質権の類似性に着目し，この問題を約定質権と法定質権の競合と同様に取り扱うべきであると主張している[204]。ドイツにおける通説的見解は，譲渡担保によって譲渡担保権者は形式通りに目的物の所有権を取得するものとしており，担保的性質に従った柔軟な解決が部分的に行われている日本よりも，譲渡担保権と質権の間の隔たりは大きいと考えられる。このようなドイツ法においてさえ，両者の類似性を肯定する見解が有力に主張されているということは，譲渡担保権と動産質権の類似性を根拠とする民法334条類推適用説の説得力を，間接的に高めるものであると評価することができる。

　なお，民法334条を類推適用する以上，民法330条2項の類推適用も肯定されるべきである。したがって，動産先取特権の存在について悪意の譲渡担保権者は，先取特権者に対して優先権を行使することができない。もっとも，悪意とされる具体的事情については，学説上の理解は定

---

[202] 中祖・前掲注108）12頁，三上・前掲注111）116頁，古積・前掲注114）121-122頁。

[203] 角・前掲注115）147-148頁は，民法334条類推適用説は「第一順位の先取特権が約定担保類似の機能を果たすことに着目して提唱されたものであり，右の批判は，あまり建設的とは言えない。」とする。

[204] *Vortmann,* a.a.O. (Fn. 77), S. 628.; *Weber/Rauscher,* a.a.O. (Fn. 77), SS. 1572-1573.; *Fischer,* a.a.O. (Fn. 77), SS. 544-545.

まっていないため，今後のさらなる検討が必要であろう。

③担保権の実行手続における取り扱い

民法334条類推適用説によると，譲渡担保権は第一順位の先取特権と同様に取り扱われる結果，第一順位の先取特権については譲渡担保権と同順位，第二順位以下の先取特権については譲渡担保権に劣後する担保権として存続する。このような場合において，誰がどのようにして目的物に対する担保権を実行することができるかについて検討することが必要である。

まず第一に，誰が目的物に対する担保権を実行することができるかが問題となる。複数の譲渡担保の競合においては，第一順位の譲渡担保権者のみが担保権の実行を行うことができたが，譲渡担保と動産先取特権の競合においてはこのような制約を設ける必要はないと思われる[205]。その理由として，複数の譲渡担保の競合は非典型担保間の競合であり，最高裁平成18年判決において判示されている通り，「配当の手続が整備されている民事執行法上の執行手続が行われる場合と異なり，先行する譲渡担保権者には優先権を行使する機会が与えられず，その譲渡担保は有名無実のものとなりかねない」危険があるのに対して，譲渡担保と動産先取特権の競合においては，譲渡担保権者が私的実行をした場合に譲渡担保権者の優先権が害されることは当然にあり得ないことに加えて，通常は譲渡担保権に劣後することが多いであろう動産先取特権が，譲渡担保権者の私的実行よりも先に実行されたとしても，譲渡担保権者は配

---

[205] これに対して，角・前掲注115) 148-149頁は，民法334条類推適用説によりつつ，「競売手続の先行を許すと譲渡担保権者の有する私的実行に対する期待権を侵害する結果となる」として，先取特権者が譲渡担保権者よりも先に担保権を実行した場合には，譲渡担保権者は配当要求ではなく，第三者異議の訴え（民事執行法38条）を提起して先取特権者による担保権の実行を排除することができるとしている。

第 4 章　私　見

当加入（民事執行法133条の類推適用[206]）をすることによって優先権を行使することができるためである。

　もっとも，先取特権者が譲渡担保権者の私的実行よりも先に担保権を実行することにより，譲渡担保権者は自らの都合の良いときに私的実行をする自由を奪われることとなる。この点についても，複数の譲渡担保の競合においては，譲渡担保権者に生ずるこのような不利益を正当化することが困難であるのに対して，譲渡担保と動産先取特権の競合においては，先取特権が特定の類型の債権者に法律上当然に認められる法定担保物権であることから，譲渡担保権者に対して先取特権の存在によって生ずる一定の不利益を甘受することを求めたとしても，必ずしも酷ではないと思われる[207]。

　もう一つの問題点として，先取特権者と譲渡担保権者はそれぞれどのようにして担保権を実行することができるかについて検討する[208]。先取特権者が先に担保権を実行した場合については，既に述べた通り，譲渡担保権者は配当加入することによって優先権を行使するべきである。これに対して，譲渡担保権者が先に私的実行をした場合には，若干の検討が必要である。譲渡担保権と同順位となる第一順位の先取特権については，債権額の割合に応じて弁済を受ける（民法332条）ため，先取特

---

[206] 譲渡担保権者に対する民事執行法133条の類推適用の可能性について，田髙・前掲注115) 512頁参照。

[207] もっとも，競売によるよりも私的実行による方が，一般的に目的物の売却価格は高くなることから，少なくとも先取特権者が譲渡担保権者に優先することはない（同順位か劣後する）という状況において，先取特権者が譲渡担保権者の存在を知りつつ，譲渡担保権者に先んじて敢えて先取特権を実行する動機や実益は乏しいといえる。

[208] 配当の方法について，例えば田原・前掲注116) 95-96頁は，「動産先取特権の実行手続が先行する場合には譲渡担保権者は民事執行法133条の準用により配当要求をなし，逆に譲渡担保権の実行手続が先行する場合には，動産先取特権者は譲渡担保権者に対し，受領することができる配当金相当額を直接引渡すべきことを請求することができるであろう」としている。

権者は譲渡担保権者に対して配当金相当額の支払いを請求することができると解釈するのが相当であるが，譲渡担保権に劣後する第二順位以下の先取特権については，複数の譲渡担保の競合における後順位譲渡担保権者のように，清算金請求権に対して物上代位権を行使する方が手続としてより簡便であると思われる。

## 第3節　所有権留保と譲渡担保の競合

　所有権留保と譲渡担保の競合において検討されるべき点は，①最高裁昭和58年判決の理解，②留保目的物に対する譲渡担保権の取り扱いの2点である。

　①最高裁昭和58年判決の理解
　既に第3章第2節の4で検討したように，最高裁昭和58年判決について，多くの学説は，本判決の結論を所有権留保の法的構成と結びつけ，本判決が所有権的構成を採用していることを前提として，本判決は，留保買主が留保目的物に対して譲渡担保権を設定することを否定したものと理解している。これに対して，近時の学説には，譲渡担保権の設定の可否を所有権留保の法的構成と結びつけることを否定しつつ，本判決は留保買主による留保目的物に対する譲渡担保権の設定自体を否定したものではないと理解する見解も存在する。

　以上の学説状況を踏まえつつ本判決を検討すると，所有権留保と譲渡担保の競合について単純に即時取得の問題として処理した大審院昭和13年判決などとは異なり，本判決は，「XはYが右の処分をする前に残代金を提供しなければYに対し本件動産についての譲渡担保権を主張できない立場にあった」「もともとYに対して主張できない譲渡担保権」などの文言を用いていることから，本判決が留保目的物に対する譲

## 第 4 章　私　見

渡担保権の設定を全面的に否定したものと理解する見解を支持することはできない[209]。寧ろ，本判決は，留保目的物に対する譲渡担保権の設定自体は認めつつも，その権利は留保売主に対して主張することができず，留保売主の権利行使に制約を加えるものではない旨を判示したと解するのが自然である[210]。

したがって，本判決において，X は留保売主 Y に対して譲渡担保権の侵害に基づく損害賠償を請求しているが，上述のような本判決の理解を前提とする限り，X の権利は Y に対して主張することができないものである以上，X の請求が棄却されたのは当然ということができる。もっとも，本判決の事案において詳細は明らかにされていないものの，仮に留保買主 A と留保売主 Y との間で清算が行われていなかったのであれば，X が主張する法律構成次第では（詳細は以下の②で検討），清算金[211]に対する権利行使が認められる余地があったと思われる[212]。

このような本判決の結論については，売買代金の完済前において，留保目的物に対する譲渡担保権が留保売主の留保所有権に優先すべき理由は存在しないこと，その一方で，留保目的物に対する譲渡担保権の設定自体は認められるため，留保買主が売買代金の完済前にも留保目的物の

---

209) 東京地裁平成 5 年判決は，留保目的物に対する譲渡担保権の設定を明確に否定していると解釈することができるが，本判決については，既に学説において指摘されているように，下級審裁判例に過ぎないこと，事案の特殊であることなどから，安易に一般化することは困難である。
210) 最高裁平成 30 年判決についても，同様の理解をすべきであろう。
211) 形式的には，売買契約の解除（民法 541 条）に基づく原状回復請求権（民法 545 条 1 項本文）として，留保買主は留保売主に対して，既払いの売買代金から損害賠償等を控除した残額の返還請求権を有することとなるが，以下においては実質的意義を重視して，単に「清算金」という用語を用いる。
212) 本件事案において，留保買主 A の未払い残代金は 120 万円であったのに対し，留保売主 Y による訴外 B への売却代金は 150 万円（さらに B から訴外 C への転売代金は 300 万円）であったことから，Y から A への清算金の支払いが必要とされた可能性が高い。

133

担保価値を有効利用する可能性が認められることから，妥当であるということができる。

②留保目的物に対する譲渡担保権の取り扱い

以上のような最高裁昭和 58 年判決の理解を踏まえて，留保目的物に対する譲渡担保権をどのように取り扱うべきかについて検討する。

所有権留保に関する現在の多数説は，所有権留保と譲渡担保の類似性を強調して，譲渡担保と同様の取り扱いをする見解であり[213]，これを前提とすると，所有権留保と譲渡担保の競合は複数の譲渡担保の競合と同様に考えればよいこととなる。したがって，留保売主が第一順位，譲渡担保権者が第二順位の担保権者としてそれぞれ取り扱われるため，譲渡担保権者は私的実行が認められず，留保売主に対して清算金を留保買主ではなく自己に直接支払うように求めるか，あるいは清算金請求権に対して物上代位権を行使することが認められる。しかしながら，このような取り扱いは，①において検討した最高裁昭和 58 年判決の理解と整合しないことは明らかであること，近年は所有権留保と譲渡担保を統一的に取り扱うことに対して懐疑的な見解も有力に主張されていること[214]，第 3 章序論において述べたように，譲渡担保とは異なり，所有権留保の場合には，売買代金の完済まで留保買主と留保売主との間に物権変動が存在しないとするのが通説的見解であること，さらに本章序論において述べたように，非典型担保の法的構成から個別の問題に関する結論を導き出すべきではないことから，妥当ではない。

そこで，最高裁昭和 58 年判決の理解を尊重しつつ，留保目的物に対する譲渡担保権の性質を把握することが必要となるが，これについて

---

213) 道垣内・前掲注 59) 367 頁。
214) このような見解については，田村・前掲注 127) 345-346 頁，石口・前掲注 130) 4-5 頁参照。

## 第4章　私　見

は，留保所有権と譲渡担保権という2つの権利の「競合」としてではなく，所有権留保が売買代金の完済を停止条件とする所有権移転の合意であるという形式に着目して，民法129条に基づいて停止条件付所有権が譲渡担保として提供されたものと説明するのが妥当である[215]。このような見解によると，留保目的物に対する譲渡担保権の設定は認められるが，留保売主との関係では主張し得ないという最高裁昭和58年判決を適切に説明することができる。また，停止条件付所有権を期待権と同視することができるか否かは別として[216]，第3章第1節で検討したような，留保買主による期待権の譲渡担保として把握するドイツの法状況とも親和的である。

　留保目的物に対する譲渡担保権をこのように把握した場合には，譲渡担保権者は民法129条に基づき，目的物の停止条件付所有権に対する譲渡担保権を留保買主から取得したにとどまるため，売買代金が完済されて停止条件が成就しない限り，譲渡担保権を留保売主に対して主張することはできない。そして，留保買主の債務不履行を理由として売買契約が解除（実質的には所有権留保の実行）され，停止条件の不成就が確定した場合には，譲渡担保権は当然に消滅することとなる。しかしながら，譲渡担保権者は，留保買主が有する清算金請求権に対する物上代位権の行使が認められるべきである。その理由としては，①既に本章第1節においても言及したように，譲渡担保権に基づく物上代位が認められていないドイツ法とは異なり，日本の判例においては譲渡担保権に基づく物上代位が認められていること，②通常の譲渡担保権に基づく物上代位が認められる以上，停止条件付所有権に対する譲渡担保権の場合にも認められるべきであること，③条件の不成就による停止条件付所有権の

---

[215] 所有権留保と民法129条との関係については，田村・前掲注127）272-274頁が言及している。

[216] 田村・前掲注127）270頁は，「一般に使用される条件付権利という言葉が期待（権）を指すのか，将来の権利を指すのか不明確である」と指摘する。

消滅は，民法304条1項における目的物の「滅失」に相当すると考えられるため，その価値代償物である清算金請求権に対する物上代位は正当化されること，④清算金の支払いは所有権留保の実行後の問題であり，留保売主が誰に対して清算金を支払うかという問題しか生じないため，清算金請求権に対する物上代位を認めたとしても，留保売主による所有権留保の実行を制約することにはならないことの4点が挙げられる。

　以上の検討から，複数の譲渡担保の競合と同様に考える見解によっても，民法129条に基づく停止条件付所有権に対する譲渡担保権と考える見解によっても，譲渡担保権者は清算金に対する権利行使が認められることに変わりはないということができる。このように，いずれの見解でも結論としては大差がない以上，最高裁昭和58年判決との整合性，理論構成，条文上の根拠，ドイツ法との親和性などを考慮すると，やはり後者の見解が妥当であると思われる。

## おわりに

　本書においては，第1章で複数の譲渡担保の競合，第2章で譲渡担保と動産先取特権の競合，第3章で所有権留保と譲渡担保の競合についてそれぞれ検討し，非占有動産担保の競合に関する日本の判例及び学説の全体像を明らかにしてきた。また，第4章では，全体の研究成果を踏まえて，各競合類型ごとに私見を提示し，複数の担保権の優劣や担保権の実行方法などについて，解釈論として如何なる解決が妥当かを論じた。しかしながら，本書においては，3つの競合類型ごとに個別的な結論を出すにとどまり，全ての類型に共通する総合的な準則を導き出すことはできなかった。この点を明らかにしていくことが，解釈論における今後の課題である。

　また，私見においては，各競合類型における担保権の優劣だけでなく，競合する担保権それぞれの実行方法にも言及したが，譲渡担保や所有権留保が非典型担保であり，民法典や民事執行法などに明文規定が存在しないことから，担保権の実行方法については，解釈論のみでの解決には一定の限界があることも事実である。

　そこで，最後に，立法論について言及しておく。立法の方向性としては，仮登記担保のように，非典型担保である譲渡担保や所有権留保を立法により明文化することが検討されるべきであると思われる。既存の典型担保（動産先取特権など）との関係や複数の担保権が競合した場合の取り扱いに関する規定が整備されれば，解釈論のみに依拠するよりも，予測可能性や法的安定性の観点からも望ましいといえる。

具体的な立法の方向性としては，非占有動産担保に関する諸外国の立法が参考となるであろう。近年，オランダ法（1992 年）やフランス法（2006 年）においては，担保法が改正され，従来から認められていた占有担保としての動産質権に加えて，非占有動産担保として，動産の非占有質権が認められるようになった[217]。また，韓国法（2010 年）においては，「動産・債権等の担保に関する法律」が制定され，一定の要件を満たすことにより，非占有動産担保として，動産担保権の設定が可能となった[218]。

　このように，非占有動産担保の立法化に当たっては，従来の質権概念に変更を加えて非占有質権を認める立法例と，新たな担保類型として，非占有担保である動産担保権を作り出す立法例が存在するが，これらに対する評価や日本への導入可能性などについては，本書においては分析の対象とせず，今後の検討課題としたい。

---

[217] フランス法については，平野裕之「2006 年フランス担保法改正の概要——改正経緯及び不動産担保以外の主要改正事項」ジュリ 1335 号 36-49 頁（平成 19 年），下村信江「フランスにおける動産質(1)・(2)・(3・完)」近畿大学法科大学院論集 1 号 181-194 頁（平成 17 年）・同 3 号 47-65 頁（平成 18 年）・同 9 号 99-122 頁（平成 25 年），白石大「フランスの動産・債権担保制度」池田ほか編・前掲注 3) 171-192 頁。オランダ法については，ドイツの文献であるが，*Barbara Reich*, Das stille Pfandrecht der Niederlande, 2006.が詳しい。

[218] 鳥谷部茂・金鉉善「動産・債権の譲渡及び担保に関する法律の日韓比較」広島法学 36 巻 1 号 266-238 頁（平成 24 年）。

著者紹介

**清水 裕一郎**（しみず ゆういちろう）

昭和63年9月8日　千葉県に生まれる
平成22年3月　明治大学法学部法律学科卒業（3年早期卒業）
平成24年3月　明治大学大学院法学研究科博士前期課程修了
平成26年4月　明治大学法学部助手
平成27年3月　明治大学大学院法学研究科博士後期課程退学
平成27年4月　北九州市立大学法学部講師
平成29年3月　博士（法学）（明治大学）
平成30年4月　北九州市立大学法学部准教授（現在に至る）

主要業績

「所有権留保の法的性質に関する一考察——所有権留保と譲渡担保の競合の解決を目的として——（一）・（二・完）」法学研究論集（明治大学大学院）37号（平成24年）・38号（平成25年）

「複数の譲渡担保の競合」法学研究論集（明治大学大学院）39号（平成25年）

「譲渡担保と動産先取特権の競合」法学研究論集（明治大学大学院）40号（平成26年）

「ドイツ法における譲渡担保権の担保的取り扱い——設定者の倒産手続における展開を中心に——」法学研究論集（明治大学大学院）41号（平成26年）

「ドイツ法における所有権留保買主の期待権の譲渡」法学研究論集（明治大学大学院）42号（平成27年）

「第三者所有権留保における留保所有権の対抗要件——買主の倒産手続における取り扱いを中心に——」伊藤進先生傘寿記念論文集『現代私法規律の構造』（第一法規，平成29年）

---

北九州市立大学法政叢書21

非占有動産担保の競合
（ひ せんゆうどうさんたん ぽ きょうごう）

2019年8月31日　初版発行

著　者　　清　水　裕一郎
発行者　　笹　栗　俊　之
発行所　　一般財団法人　九州大学出版会
　　　　　〒814-0001　福岡市早良区百道浜3-8-34
　　　　　九州大学産学官連携イノベーションプラザ305
　　　　　電話　092-833-9150
　　　　　URL　https://kup.or.jp/
　　　　　印刷・製本／大同印刷㈱

Ⓒ Yuichiro Shimizu 2019
Printed in Japan　ISBN978-4-7985-0263-2